創造的想像力

［増補版］

マイケル・ポラニー
慶伊富長＝編訳

マイケル・ポラニー教授
1968年1月20日，カリホルニア大学バークレー校化学教室事務室前にて。訳者写す。

左上：ジョン・ポラニー氏（トロント大学教授。ノーベル化学賞受賞者でマイケル・ポラニーの次男。北陸先端科学技術大学院にて。1998 年）
右二葉：慶伊富長氏。上は東京工業大学教授着任時(1960 年。1968 年にマイケル・ポラニー氏と会う)、下は北陸先端科学技術大学院大学学長時（1995 年）
下：ジョン・ポラニー氏から慶伊富長氏への献辞。

Nov 14, 1998.

Tominaga Keii,
with good memories and warm wishes
your friend, John Polanyi

マイケル・ポラニー博士（七十五歳）は自然科学と社会科学の両方に長期に亘る顕著な実績をもっている。医学博士（Ｍ・Ｄ）と哲学博士（Ph・Ｄ）の学位のほか多くの名誉学位を得ている。優れた教師として多くの大学で教鞭をとるかたわら、科学、経済学、哲学という広汎な問題に九冊の著書をものにした。

一八九一年ハンガリーのブダペストに生まれ、ブダペスト大学で一九一三年医学博士。ついでドイツのバーデン工科大学に赴き化学を学ぶ。一九一四年（オーストリア）陸軍の軍医となったがすぐジフテリアに倒れる。一九一五年、快方に向かうとともに物理化学（吸着のポテンシアル理論）の学位論文を書きブダペスト大学より哲学博士を受ける。

一九一九年ブダペスト大学の教壇に立ち、一九二〇年カイザー・ヴィルヘルム協会（繊維化学）研究所に就職、一九二九年終身職《ライフメンバー》となる。四年後、イングランドのマンチェスター大学ヴィクトリアカレッジの物理化学正教授職に移るため研究所退職。一九四八年、社会学の教授に移る。一九五〇年以後今日まで各大学の客員教授、フェローを歴任。シカゴ、アバディーン、キール、オックスホード、ヴァージニア、カリホルニア（バークレー校）、エール、スタンホード、デューク各大学で教授し、目下はコネチカット、ミドルタウンのウェスリン大学高級研究センターの上級フェロー。

ポラニー博士は、一九三三年、ナポリの文理ナショナルソサエティの外国会員、一九四四年イングランドのロイヤルソサエティ会員、一九四九年、マックス・プランク協会外国会員となる。一九六二年、アメリカ文理アカデミーの名誉会員、さらに、プリンストン、リーズ、ノートルダム各大学より名誉理学博士（Ｄ・Sc）、アバディーン、ウェスリン両大学より名誉文学博士（ＬＬＤ）を受けている。

なお博士は、「科学の自由のための協会」の創立（一九三八年）メンバーの一人であるほか、カルチュラル・フリーダム会議の国際実行委員、ハンブルグでの同会議（一九五三年）の会長を務め、一九六四年、エルサレムでの科学哲学国際会議で講演。

Chemical and Engineering News, 1966, 4.25, p.91

目次

創造的想像力

本稿に解説する私の主張は、現代の哲学者たちからひどく冷淡に取り扱われてきたものである。哲学者は、想像力から科学研究に役だつ新しい着想が生まれたり、予感や直観が的中することがしばしばあるということを否定しはしない。しかし、想像は勝手にめぐらせるものだし、直観は説明することもできない。したがって、これらは、発見の合理的方法とは思われていないし、哲学者の科学的発見の論理から除外されている。しかし哲学者の科学的発見の論理は、できあがった科学的着想そのものの立証もしくは反証を論じるものにすぎないからである。

だが、科学的着想を生み出すことと生み出されたその着想を検証することとの間の区別は、実際にはさほどはっきりしたものではない。科学的発見は、厳密に立証できるものでもないし、確からしいと証明することさえできないものである。だが科学者は、たとえば医学や技術の根底にあるような、科学的概念の正当性に、日々、熱中している。カール・ポパー卿が、科学的概念は、厳密には立証できないものの、明確に反証することができるものでなければならないと指摘したことはよく知られている。しかし、この原理を適用する方法は厳密に規定できない。

たったひとつでも矛盾する証拠があれば科学法則や理論を拒否することは正しい。しかし、経験は見掛けの矛盾しか与えてくれないし、どの見掛けの矛盾が実際の矛盾であるかを示す厳密な規則は存在していない。したがって、科学的陳述の反証というものが厳密に確証できないのと同じ様に、その立証も確証できない。立証も反証もともに、形式的には不確定な操作である。

発展しつつある科学と教科書に書かれている科学との間の明確な区別は事実上存在しない。科学者を成功に導いたヴィジョンは科学者の発見のなかに活き続けており、その発見を承認する人々に共有されている。発見されたことの実在性に信頼をおくことと発見の深さと果実を意識する仕方に、そのヴィジョンは反映している。

科学を学んでいる学生は、これらの言葉で私が言わんとしていることを理解できるとおもうし、理解してもらわねばならない。しかし、哲学教師たちは、科学的発見についてのこのような漠然とした情緒的な記述に、おそらくは眉をひそめることだろう。だが、最初に近代科学を確立することになったコペルニクス体系についての大論争は、コペルニクスと彼の支持者たちが太陽系について考えたまさに漠然とした情緒的な性質そのものに向けられたものであった。コペルニクスらの見解によれば、その性質こそ太陽系が実在であることを証明するものであった。

コペルニクスとその支持者であるケプラーとガリレオが正しかったと一般的に認められたのは、ニュートンがコペルニクスの正しいことを立証したあとである。二世紀にわたる多くの敵から科学を防衛した彼らの不撓不屈の精神は絶対的な尊敬を得た。私自身も同感であった。

ところが、ニュートン以後でも著名な学者がコペルニクスらにけちをつけたのであった。ポアンカレーは、地球は太陽のまわりを実際にまわると言うガリレオの主張は無意味である、と書いている。その根拠は、ガリレオが正当に主張できることは、そう考えるのが便利だということに過ぎないからというものである。著名な物理学者にして歴史学者、しかも哲学者であったピエール・デューエム[(a)]はもっと激しかった。彼は、コペルニクス主義者が誤解した科学の真の意味を知っていたのは、コペルニクスとその支持者に反対した人たちであった、と結論している。近代実証主義のこの極端な形はもはや広くは存在していないが、これに対抗する他の本質的見解はいままでのところ出現していないと私は考えている。

そこでもう一度、当時の事実を見直してみよう。コペルニクスは自分が納得した徴候《サイン》によって太陽系を発見したのだが、その徴候は何者をも納得させるものではなかった。というのは、コペルニクスの体系はプトレマイオスのものよりはるかに複雑――まるでアドホックな仮定のジャングル――だったからである。そのうえ、体系にあてはめた物理的実在性はきびしい力学的反論にあったし、固定した恒星群の距離について危なっかしい仮定を含んでいた。コペルニクス（*De Revolutionibus*, Preface and Book 1, Chapter 10）は、漠然とした情緒的な短い文章でしか表現できないけれども、正しいことを証明するユニークな調和をこの体系は持っている、と主張した。彼は、自分の体系を定式化するのにいかに多くの仮定を置かねばならないか、またいかに多くの難点を無視せねばならないかについてとくに考察するようなことはしなかった。彼のヴィジョンが実在の輪郭を彼に示していたから、その複雑さや解答できない疑問などすべてを彼は無視してしまったのであった。

コペルニクスは、自分が生きていた時代に支持者がいなかったわけではなかった。彼のヴィジョンは漠然としてしかも意表をつくものであったが、ケプラーやガリレオといった大科学者に支持された。彼らの発見がコペルニクス体系の実在性を確証したことはよく知ちれているが、彼らはこの体系の実在性をあらかじめ信じたからこそ発見をなし得たのであった。

ここで、科学的発見に実在性をあてはめることの意味を理解できる。

・それは、事物の偶然的形態に対してでなく確かな特徴を持つ持続的連関、すなわち実在するものであるから、いろいろな現れかたで繰り返し出現する連関に実在性が関係しているということを信じることである。

・われわれと無関係に実在が在ること、そして、そのために何が起こるかを完全に予測できないことを信ずることである。

したがって、実在性についてのわれわれの認識の内容は本質的に不確かなものであり、ヴィジョンと呼ばれるに相応しい。コペルニクスのヴィジョンの内容が不確かだったことは、後にこのヴィジョンからなされた諸発見がコペルニクス自身予想もしなかったものであるという事実のなかに現れている。このことについてケプラーは、コペルニクス自身、自分の理論が含んでいた豊かさを一度も認識したことはなかったと述べている。したがって、コペルニクスは、もし知っていたとすればケプラーの楕円軌道を退けたであろうし、ガリレオやニュートンが実行した陸上の力学の惑星への拡張も同様に退けたであろう。

ふつう意識されない手がかり

このヴィジョン、つまり研究している科学者を導く隠れた実在性のヴィジョンは動的な力である。研究が終わるときには発見によって示された実在性の観照のなかに沈静するが、このヴィジョンは他の科学者のなかに新しく生まれかわり、再び躍動して彼らを新しい発見に導く。ここで、科学的ヴィジョンの動的および静的な両側面、直観に導かれた想像力の強さにどのように依拠しているかを示そうと思う。そうすれば、確立された科学的知識の基礎と科学的発見を成功させる力の両方を理解することができるであろう。

私は長年この問題を、通常知覚の拡張として科学を考察することによって、追求してきた。自分の手を見、それを動かしてみると、形、大きさ、色が絶えず変化している。しかし、多くの素早く変化する手がかり全体の一連の意味を理解し、一連の意味が不変であることを理解する自分の能力は変わらない。われわれは、それを示している手がかりにたいする一連の認識によって眼前のリアルな対象を認知するのである。

これらの手がかりの多くが、それと意識されることは全くない。たとえば、自分の目の筋肉の収縮それ自体を感じることはできないが、対象が正しい距離にあり正しい大きさであることを見せてくれるから、筋肉が働いていることを間接的に意識する。

われわれはある手がかりは目の隅で捉えている。これらの周辺の手がかりを隠す黒い筒で見れば、対象はひどく違ってみえる。

われわれは二種類の意識を認めることができる。見ることで対象を明らかに意識するが、同時に、われわれが対象の光景へと集約する多くの異なった手がかりをも（ずっと消極的なやりかたで）意識している。こうした手がかりを集約するさい、われわれは対象に完全に注視しているが、手がかりそのものには注視することなく意識しているのである。われわれは、自分が見ている対象を指示しているものとしてしか手がかりを意識していない。それらを、自分たちが焦点を合わせて注目している対象との関連で全体従属的に意識しているのだと思う。

注意を集中している対象は常にそのものとして同定しうるが、われわれがそれを通じて対象を注視している手がかりのほうはしばしば明確に言うことのできないものらしい。目の隅で捉えている手がかりが不確かなのはやむを得ないだろう。たとえば目の筋肉収縮の努力のような、意識下の手がかりは全く感じることはできない。

しかし、この全体従属的意識を無意識、予感あるいはジェームズ流の周辺意識とするのは誤りである。意識を全体従属的にするものは、意識が果たす機能であり、われわれが焦点的に注目している対象についての手がかりとしてそれが機能するかぎり、それはいかなる程度にも意識しうる。したがって、あるものを手がかりとして認めることは、それだけでその特定を不確かなものとしてしまうことである。

科学は自然界の事物を理解することである

さて科学にもどろう。科学が自然界の事物を認識するひとつのやりかたであるなら、困難な認識問題を解決するきまった方法に科学的発見の手本を見いだせるであろう。逆さまに見える眼鏡（逆さ眼鏡）をかけて道を探すことを学ぶ方法を例にとろう。こんな眼鏡をかければ、諸君は何日間も茫然自失の状態となるだろう。しかし、逆さ眼鏡をかけたまま一週間かそれ以上も一心に手探りしていると、再び道もわかるし、ときには自動車を運転したり、岩登りさえできるようになる。現在ではよく知られているこの事実は、本質的には七十年ほど前、ストラットン[b]によって発見されたものである。この経験は、目に見える逆さのイメージはしばらくすれば普通みるように変わることを示すものだ、と一般にいわれてきた。しかし、最近の観察はこの解釈が誤りであることを示している。

たとえば、逆さ眼鏡で普通に歩きまわれるようになった人に遠くの一列の家並を見せて、家が直立して見えるか逆立ちして見えるかと質問した。彼はこの質問に困惑したが、ちょっとしてから、つぎのように答えた。こんな事態をいままで考えたことはなかったが、質問されて家々が逆立ちして見えることに気づいたと。

この答えは、目に見える家のイメージは元に戻らず逆立ちしたままだが、逆立ちしたイメージはもはや被験者にとって家そのものが逆立ちしていることを意味しないことを示している。逆立ちしたイメージは、手触り、音、重さといった他の感覚的手がかりに再結合されてしまっている。これらの手がかりはすべてもう一度このイメージに結合し直すので、イメージは逆立ちしたままだが、再びこれによって安全に道を探すことができるのである。

事物を正しく見る新しい方法が確立された。そして、逆立ちしたイメージの意味が変化したから、「逆立ち」という用語は以前の意味を失ったのである。いまや、ものが逆立ちしているか直立しているか、を尋ねることは混乱を招くことになる。この新しい種類の正しい見方は新しい語彙によってしか語ることはできない。

われわれは、逆さ眼鏡の着用者がどのように手がかりを再構成させて新しい調和に向かわせるかがわかった。無意味な印象の代わりに、彼は再び実在の対象をみる。つまみあげることができるし、いじることもできる。持ち上げれば重さを感じ、鳴らせばそこから音がきこえる。このような実在の対象を再び見るのである。彼は混沌のなかに意味を把握したのである。

科学において、この認識での成功と最も類似したものを相対性の発見のなかに見いだすことができる。アインシュタインは、十六歳のときからつぎのようなスペキュレーションにとりつかれたいきさつを私に話した。落体の実験は地上でも航海中の船上でも同様な結果を与えることが知られている。しかし、船上のランプが発する光についてはどうか？　弾丸が音速をこえることによって薬きょうの爆発音より早く進むように、船が十分に速ければ光線を追い越せるだろうか？

アインシュタインはこの追い越しはあり得ないと考えた。この仮定を堅持して、最後に彼は、ほんの少しでも光線を追い越せるような船はあり得ないことを示すように、時空概念を改新するのに成功した。以後、時間や空間の決まった間隔に関する質問は無意味であり混乱したものとなった。これは、逆さ眼鏡に視覚を順応させてしまった人々への「上」「下」の質問が無意味かつ混乱であるのと全く同様である。

科学史上、最もラジカルなこの革新が、逆さのイメージを正しく見る能力を獲得するやりかたに最も似ていると思われるのは偶然ではない。相対性のような包括的問題のみが、逆さ眼鏡を通して正しく見ることを学ぶさいにわれわれが行うように、根本的概念を再編成することを要求するからである。相対性だけが、逆さまな視覚を正しくするときするときのような、奇妙かつパラドキシカルな概念の革新を含んでいる。

相対性の実験による証明は、アインシュタインによって識別された調和が実在であることを示した。これらの確認の一つは奇妙な歴史をもっている。アインシュタインは、光源はその放射光を決して追い越さないと仮定した。これはマイケルソンとモーレーによってすでに確立されていた事実であった。

アインシュタインは、自伝のなかで、この仮定を直観によって最初から持っていたと述べている。しかし、この説明は同時代の人々を納得させることはできなかった。というのは、直観は知識の規範的基礎と見なされていなかったからである。ゆえに、物理学教科書はアインシュタイン理論をマイケルソンの実験にたいするアインシュタインの解答として記述した。

マイケルソンの実験が証明した事実を自分は直観的に認識していたというアインシュタインの主張を私が受け入れて記録を正そうとしたとき、私はピッツバーグのグリュンバウム教授から攻撃され嘲笑された。彼は、アインシュタインはマイケルソンの実験を知っていたはずだ、そうでなければその実験で確立された事実に基づいて仕事をすることができなかったはずだ、と主張した。

しかしながら、もし科学が認識のひとつの一般化形式であるのなら、アインシュタインの直観についての話は十分明瞭なものである。彼は、力学においては絶対運動を観測することが不可能であるという原理から出発したのであった。この原理が光の放射にも成立するかどうかという疑問に逢着したとき、彼は全く説明できなかったが、成立すると感じたのであった。しかし、われわれが事物を認識するやりかたでは、このような説明できない仮定は一般的であり、またこのような説明できない仮定が科学者の事物を見るやりかたに影響を与えるのである。

ニュートンの絶対静止の仮定は、後にアインシュタインが否定したのだが、われわれが共通に事物を見るやりかたと同じだからこそ説得力がある。われわれは、自動車が道路上を走るのを見ているのであり、決して道路が自動車の下を走るのを見ているのではない。つまり、絶対静止にある道路を見ているのだ。われわれは一般に、自分たちが見るように事物を見る。というのは、このことがわれわれの経験との関連で調和を確立するからである。同様に、アインシュタインが自分のヴィジョンを宇宙に拡張して光源の場合を含めたとき、光源が決して光を追い越せないというようにそれを理解することによって、はじめて直面しているものの意味をはっきりさせることができた。実際に、こうだと直観的にわかったと彼が言ったとき、まさにこれが彼の本音だったのである。

そこで、コペルニクスは自分の仮説が事実であることの根拠を他人を納得させられなかったが、彼がなぜ納得できたかがわかる。というのは、認識するさいに働いている直観力は、全体従属的に知られているためほとんど特定できない手がかりを集約するからだし、アインシュタインが時間と空間の新しい概念を形成したやりかたもまた、ほとんど特定できない手がかりに依拠していることがわかったからである。故に、その実在のヴィジョンを形成しているときのコペルニクスにも、このことが真実であったと仮定してよいと思われる。

したがって、一般的につぎのように言えるだろう。つまり、科学は実在に関係している手がかりを基礎としており、

・これらの手がかりは完全に特定できるものではない。
・これらを結びつける集約プロセスもまた完全に規定できるものではない。
・そして、この調和によって示される実在性が将来、顕現するものは無尽蔵である。

これら三つの不確定性は、科学的正当性のある厳密な理論を求めようとするいかなる試みも打ち破り、想像力と直観力が入りこむ余地を提供する。

直観は隠れた真理を感じとる

このことは、研究の終わりに科学的知識が確立されるやりかたについての一般的アイディアをわれわれに与えてくれる。つまり、それは、われわれの結果が一貫性をもち事実であることを判断する方法を教えてくれる。しかし、それは、研究をどこでスタートすべきかを示さないし、そのうえ、スタートした後に解答に達する道がどれかを知る方法も教えてはくれない。研究の最初の段階では、発見しようとするものが何であるかを漠然としか知ることができない。そうであるならば、正確に何を求めているかがわからないでスタートし、研究を進めていくことが一体全体できるのだろうかと疑問になる。

この疑問は古代にさかのぼる。プラトンはこの疑問を『メノン』[c]のなかで述べている。プラトンは、もし解答を知れば問題はなくなるし、そして、解答を知らなければ知りたいことがわからないし、何であれ見つけることを期待できない、と述べている。彼の結論はこうである。われわれが問題を解くときには、過去の概念を想起することによって解いているのであると。ディレンマにたいするこの奇妙な解答は、真面目には受け取られなかったようだ。だが、この問題は不可避であり、われわれがこれまで述べてきたものよりダイナミックなある種の直観を認めることによってしか答えることができない。

私は、隠された将来の明示をもつ、実在性に関係する調和を認知するわれわれの力について述べた。がしかし、隠された調和についてのよりきわだった知識もここに存在している。つまりそれは、われわれが問題と呼んでいるある種の予知である。科学者は問題を作り出し、いろいろ予感し、そして、これらによって勇気づけられ、これらの予感を満足させるに違いない研究を追求するのだということがわかる。この研究は、調和が深まっていくという感覚によって導かれるのであり、この感覚が正しさを証明する公正な可能性をもっている。ここに、われわれはダイナミックな直観の諸力を認めてもよい。

この力のメカニズムはひとつのアナロジーで説明できる。物理学は、錘が坂を滑り落ちるとき、放出されるポテンシャル・エネルギーのことを述べている。同様に調和を深める研究はあるポテンシャリティによっても導かれる。われわれはより深い洞察に向かう坂道を、重い錘を険しい傾斜に沿ってひき上げる方向と同じように感じる。発見の追求を導くものはこのダイナミックな直観である。

われわれは次のようにして『メノン』の逆説を解決するのだ。すなわち、追求しているものが何であるかを知ることなく、われわれは科学的発見を追求することができる。なぜなら、深まっていく調和の勾配が、どこでスタートし、どの方向へ動けばよいかを教え、最後には立ち止まって発見を主張してよい地点にわれわれを導くからである。

だがわれわれは、直観のもっている諸力にもっと感謝すべきである。これなしでは、発明家も科学者も合理的に特定の問題を選択することも、また選ばれたどのような問題も成功裡に追求できないだろうからである。ストラットンが彼の不格好な逆さ眼鏡を考案し、何日も続けて狭く限定された逆立ちした視覚を頼りに、手探りで動き回わったことを考えてほしい。ストラットンは、大体適当な時間内に方向がつかめるということ、そしてその結果は奇抜で冒険的な企画のために費やす自分の全ての労苦に価するものだ、ということを固く信じていたはずである。そして、ストラットンは正しかったのである。

少年時代のアインシュタインを考えてみれば、彼は光線を光源が追いかけるという純理論的なディレンマに逢着した時、この問題を単なる奇妙なこととして排除してしまう――誰もがそうしてしまったような――ことをしなかったのである。彼の直観は、いかなる環境においても絶対運動を観測することは不可能であることを保証する原理が存在すべきだと、彼に教えたのであった。時に絶望的でさえあった長年の探求の間、彼は、最後には求めている発見を達成でき、そしてそれが研究の耐えがたい苦痛に値するものであるという信念を持ち続けた。そしてまた、アインシュタインも正しかったのである。ケプラーもまた、約五年間の無駄な努力の後に、自分は時間を浪費したが、仕事を続けて自分が正しいことが判った、と率直に結論していたに違いない。

かくも長期間にわたる問題評価を為しうる能力は、企業研究所の上部責任者が毎日使っている。これらの研究所の所長は普通、発明をしないが、持ち込まれる問題が外部からのものであれ、彼の部下のものであれ、それらの問題の価値を評価する責任を負っている。個々の問題について、成功の見込み、解決したときの価値、達成に必要な諸経費、といった総合的評価をしなければならない。この結果を競合する問題に対して同一基準の総合評価と比べなければならない。こうした評価によって、所長はある問題の研究をやるか否か、やるとすれば限られた資源を使って、その問題にどの程度の優先順位を与えるべきかを決定しなければならない。

科学者も同様な決定にせまられる。直観は、問題を単に指摘するだけで、どの問題を選ぶべきかを教えない。科学者は、発見から自分を隔てているギャップを測定できなければならない。そして、ありうる発見の重要性がそれの追求に必要な能力と資源の投入に見合うものかどうかも大まかに評価できなければならない。この戦略的直観がなければ、折角のチャンスは無駄となるし、そのうえすぐに仕事がなくなってしまうことになる。

ここで私が認証した直観は、ライプニッツあるいはスピノザまたはフッサールが直観と呼んだ最高知、直接知とは明らかに全く異なる。それは、正しく言い当てる合理的な可能性をもった推量の熟練《スキル》である。つまり調和への本有的感性によって導かれ、学校教育によって向上する熟練である。この能力がしばしば失敗するという事実によってその信用が失われるものではない。ルーレットの平均値より一〇％高く推量する方法は数百万ドルの価値があるだろうからである。

発見は二段階で行なわれる

しかし探すものが何であるかを知ること自体は、それを見出す能力をわれわれに与えない。そのような能力は想像力のなかに潜んでいる。

存在していない、あるいはまだ存在していない――または決して存在することのありえない――事物についてのあらゆる想像を、私は想像力の行為と呼ぶ。自分の腕を持ち上げようとするとき、そうしようと思うことは自分の想像力のひとつの行為である。この場合、想像するのは視覚的なものでなくて筋肉的なものである。走り高跳びをしようとして全身を緊張させている選手は、筋肉的想像力の激しい行為に入っているのである。たとえ腕を持ち上げるという別に努力を要しないことのなかにおいても、意識的意図つまり筋肉的実行とは別の想像行為を認識することができる。というのは、われわれは決してその筋肉動作をそれとして命じていない。なぜならそれを直接コントロールできないからである。デリケートに配置された筋肉を収縮させる見事な芸当は、われわれの想像行為の一結果として、ひとりでにしか起こり得ないのである。

意図的運動のこの二重構造は、ウイリアム・ジェームズによって七十年前はじめて述べられた。それは認識の行為においてわれわれが出会った二種類の感知に相当していることがここでわかる。われわれは自分の腕を持ち上げるという集中した意識を持っているといってもよいし、この集中した行為は全体従属的なこまごまとした筋肉収縮の集約によって行なわれるといってもよい。行為の構造は認識の構造に対応している。認識においては、われわれはわれわれの意図したできばえを焦点的に意識しており、筋肉のこまごまとした収縮が連帯して作り出すできばえに注目することによって、全体従属的にしか、それら（筋肉のこまごまとした収縮）を知ることができない。

われわれの決意が困難に出会うや否や、新しい活力と緊張がこの二重構造に現れる。そして、この二レベルはばらばらになる。そして想像力が両者のギャップを埋めようとしてほとばしり出る。自転車に乗れるようになる例を考えよう。想像力は乗ることに向けられるが、能力は不十分なので乗るという行為が（想像力の）後手に回る。このギャップを埋めることに神経を極度に緊張させることで徐々に自転車の上でバランスを保てるようになる。

この努力によって、われわれが全く知らない驚くべき複雑な行動が可能となる。われわれの筋肉は、自転車の傾きの角度によって除した速度の二乗に比例する半径で自転車をカーブさせることによって、偶発的な傾きをその都度修正するように、準備されている。

世界中で無数の人々が、この方式をうまく使って自転車に乗っている。この方式は、たとえ教えられたとしても全く理解できないであろう。人を当惑させるこの事実は、上述した意図的行為の二レベル構造によって説明できる。この方式の使用は、意図と達成とのギャップを埋める努力に呼応する全体従属的レベルで生み出されるのである。そして、達成は全体従属的に生み出されたのであるから、焦点的に知られないままでいられるのである。

想像的意図が、われわれの肉体内部にそれとはなしに、いかにその実行方法を呼び起こし得るかを示す多くの実験がある。思わず識らず起こる筋肉のけいれんは被験者には知覚できないものだが、実験者があるけいれんに対して不快な雑音をちょっと中断してやると、けいれんの頻度――筋肉がけいれんしている御当人には何もわからないのだが――は直ちに大体三倍となった。さらに、そのけいれんを電流計の針のフレにして被験者にみせ想像力を刺激してやると、けいれん回数は平常値の約六倍に急上昇した。

このことが、研究中の科学者が想像力によって有力な手がかりを喚起するメカニズムであると私は考える。しかし、ここでわれわれは、科学的問題は何ら決まった課題ではないことを忘れてはならない。科学者は、漠然としか自分の目的がわからない。そして、自分を発見に導いてくれる、深まっていく調和に対する自らの直観に頼らざるをえない。彼は想像力をこれら「成長点」に常に固定しつつ、潜んでいるものの方向に向けていかなければならない。われわれは、このことがどのようにして行なわれるか、理解しなければならない。

もう一度、逆さ眼鏡を通じて正しく見る方法を発見するやり方の例を取り上げる。われわれは、視覚、触覚、聴覚の再結合を特に狙うことができない。上にみえるものは本当は下だ、と自分に言い聞かせることで空間的な反転を克服しようとする試みは、言葉の意味が不適当だから、実際のところ、逆効果だろう。そこで、視覚と感覚によって、道を模索するほかないし、歩きまわることを習うほかはない。想像力を自分たちが探し求めている最終的な結果に固定しておくことによってしか、不可欠な知覚上の回復と、それに伴う概念上の革新を誘発することはできない。

相対性の発見に至ったアインシュタインの研究ほど、ねらいが不確かだった研究は他にあるまい。それでも彼は、長年の間いつも「研究が何かはっきりしたものへまっすぐに続いているという（研究が向かっていく）感覚があった」と語っている。更に「もちろん、その感覚を言葉で表現することは極めて難しい。だがしかし、それは決定的にそうだったし、得られた解答の合理的な形式に関する後年の思索とは明らかに区別されるべきものだった」と語った。ここで、われわれは、まだ殆どはっきりしていない諸要素が徐々にひとつの文脈へ狭まっていく状況——その状況の首尾一貫性はまだ十分に解明されていないが——に逢着する。

火星の楕円軌道に行き着くまでの苦闘の六年間に、ケプラーが多くのことを推測をしたことが明らかにされている。しかし、アーサー・ケストラーが示したところによれば、ケプラー特有の指導理念は、その成功の原因となったのだが、火星の軌道は太陽との一種の力学的相互作用でともかく決定されているはずだという堅い信念であった。この漠然としたヴィジョンは徴候を示しつつあったニュートン理論の先駆であったが、それ自体は全ての周転円（天動説の）を彼が排除するのにも、速度と形の両方で全惑星軌道をカバーしうる単一の公式の模索に彼の想像力を費やすのにも十分な真実であった。まさしくこのようにしてケプラーは彼の楕円軌道周転の二法則を思いついたのである。

直観が想像力を導く

ここで科学者のヴィジョンがどのように形成されるかがわかってきた。直観によって導かれ、想像力が勢いよくほとばしり出て、想像力が思いついたものを直観力が集約する。しかし、ここで基本的に面倒な事態が現れてくる。直観が検知し真実と認めた調和の見えるところに発見の最終的支持があるということが私にはわかったのである。が、歴史はそのような調和を評価する普遍的基準は一つもないことを示唆しているのである。

コペルニクスは、定常的な惑星の円軌道以外を仮定することが調和していないからプトレマイオス体系を批判した。そして、優れた一貫性をもっていることから太陽中心系が事実であることの認知のために闘った。しかし、彼の支持者であるケプラーはコペルニクス体系が無意味な複雑さをもちこんでいるとして、この円軌道の仮定を捨て、そうすることによって積年の弊害を除いたと自慢した。ケプラーは、幾何学的調和が力学的相互作用の産物だという彼のヴィジョンを基に、最初の二法則を築いた。しかし、この実在性の概念は、ガリレオ、デカルト、およびニュートンが、力学の数学的法則に従う最小物体粒子に究極的実在性を発見した時に、更に根本的な変更を余儀なくされたのである。私は実在についての異なった概念に基づく主張をする二者の相いれぬ科学的論争のあるものについて他の場所でかなり詳しく述べた。一度論争となると、双方とも相手の持ち出す証拠を受け入れることができないし、立場が分かれてしまえば相手の全ての立場に対する乱暴な相互否定ということになってしまう。催眠術、醗酵、病気のバクテリア説および自然発生に関する大論争がこうした場合に該当する。

そこで必要となるのが、われわれの信念が依拠する一貫性の規準を変えられる規準が何であるかを問うことである。いったいいかなる根拠がわれわれの根拠を変えられるのだろうか？われわれが直面しているのは、自らの選択の価値がそれらを天意と考える自分自身に対していかに依拠となるかという実在主義者のディレンマなのだ。

さてもう一度、直観力と想像力とが共通の仕事をなしとげるメカニズムに注目しなければならない。われわれが腕を持ち上げ、そしてわれわれの想像力がそうするように命令を出したのだということを見出す。しかし、実現の可能性が妨げられるや否や能力と目的との間にはギャップができ、想像力はギャップに注意をとめてそのギャップを縮小しようとする試みを喚起する。このような模索が何年も続く場合もある。絶えまなく長く続くとしても、それは過渡的なものであろう。それの全体の目的がわれわれ自身の方に向けられ、われわれにアイディアを産ませようとしているからだ。そうした状況を次のように様々に言葉で表現する。頭を絞ったり、思い出そうとしたりしている、頭をひねって気が狂いそうになる。あるいは、頭を働かせようと脳みそを絞る、などなど。

この頭を絞ることによって、われわれのなかに惹起される行為は、起こりつつあるものとしてわれわれに感得される。そして、そのことをつぎのように表現する。はっとアイディアに気がつく、アイディアが心に浮かぶ、頭に浮かぶ、アイディアに打たれた、思い出した、ちょうど現れた。などなど。突然、アイディアが生まれたとき、われわれは本当に驚きそして「あっ」と叫ぶ。アイディアは、脳みそを絞るのを止めてから何時間も、何日も経ってから、ひとりでにやってくるかも知れない。

したがって、発見は二つの運動で行なわれる。つまり一つは持続した運動であり、他は瞬間的運動である。瞬間的運動は、われわれの持続した努力の行為によって出てくるものである。

持続的推進は想像力の集中行為であるが、一方、それ（集中行為）に対する瞬間的反応――これが発見をもたらしてくれるのだが――は腕を持ち上げようとする意図に呼応した筋肉の瞬間的協同または何かを見るときに呼応した視覚的手がかりの瞬間的協同と同じクラスに属する。この発見の瞬間的行為は創造的直観として特別に認識されるに相応しい。

では、これは何処で創造的想像力でなくなる（想像力を離れる）のだろうか？　いやそうではなく、創造的想像力はそこに存在しており、直観によって置き換えられるのではなく、生命を吹き込まれるのである。問題を認識しその追求に乗り出すとき、われわれの想像力は直観によって導かれる。そして、想像力を働かせる努力がそれ自身の実現を呼び起こしうる。なぜならひとえにその実現可能性の直観的暗示に従うからに他ならない。アナロジーとして、手がかりがあるときだけ失った記憶を取り戻すことができることを思い出そう。すなわち完全に忘れてしまった記憶を取り戻そうとして脳みそを絞りはじめることはできない。想像力は、想像力が刺激している真の直観によって自分（想像力）に与えられた可能性の手がかりに従属しなければならない。直観の先導のない想像はすべて無意味な空想である。

したがって創造力の栄冠は、一部を直観に実現可能な課題を課すその想像力に負っている。また他の一部を、この課題に応じ、探究が生み出すことになっている発見を啓示する直観に負っている。直観は、それがまた直観力を解き放ってくれる想像力を形造る。それでは、実在性についてのわれわれの規準を変える責任主体はどこに在るのであろうか？それを見つけるにはもっと深く精査しなければならない。探索が終わったときに、想像力と直観は場面から消え去ることはない。直観は、得られた最終結果が正しいことを認識するし、想像力は、その結果が将来顕示するであろう無限の可能性を指向する。われわれは探索がスタートしたときの心の静止した状態に戻るが、調和と実在の新しいヴィジョンを持って戻るのである。ここに、このヴィジョンの最後の受容が在る。即ち、このなかに含まれている新しい調和の規準が自らの規準となったのであり、われわれはそれに参加《コミット》したのだ。

しかし、このことは真でありうるだろうか？ H・A・ハート教授は、その『法の概念』(***The Conception of Law*, 1961**) のなかで、次のように正しく述べている。つまり彼によれば、あることが翌朝から非合法になるだろうと結論を下すことは理にかなっているが、今日、不道徳であることが翌朝から全く道徳的なものになると結論を下すことはナンセンスということになる。ハート教授の言うところでは、道徳は、「意図的な変化を受けるおそれがない」ものなのである。同様のことが明らかに美と真実についても成立する。このような規準に対してわれわれが忠実であるということは、それらがわれわれの創造物でないことを意味している。実在主義のジレンマは、したがって、未解決のままわれわれの前に在る。

しかしここで、この問題を取り扱うことにしたい。第一段階は、科学的発見が、実在、つまりわれわれがそれに気づいていようといまいとそこに存在する実在、を探し求めて、為されるものだということを心にとめておくことである。探究はわれわれがなすものであるが、実在はそうではない。われわれは、自分の想像力を慎重に、成功の見込みのあるやり方を探すのに送り出す。しかし、こうしたやり方の成功の見込みはわれわれを導くために既にそこに存在している。われわれはそれをわれわれの瞬間的直感力によって感じとる。われわれは直観の働きを誘起するがその操作をコントロールしない。

そして、直観は全体従属的レベルで働くから、直観が使用する手がかりも、それが手がかりを集約する原理も全く同定できないものである。コペルニクスに彼の仮説が正しいことを信じさせた手がかりが何であったかを教えてやることは難しい。彼のヴィジョンは彼自身の視界を遙かに越えた言外の意味をはらんでいたので、仮にそれら（言外の意味）が彼に示されたとしても、彼はそれを退けたにちがいない。

相対性の発見にこそ、まさに、さまざまの調和しない考えが充満している。アインシュタインは自伝のなかで次のように述べている。彼に絶対的運動を観測することの絶対不可能性を暗示してくれたのはまさに熱力学の基礎にある二つの基本的不可能性であった、と。しかし、現在では熱力学と相対性との間に少しも関連性を見ることができない。アインシュタインはマッハに負っていることを認めている。したがって一般的には、絶対静止のニュートン説は無意味であるというマッハの命題をアインシュタインは認識していたのだと思われている。しかし、アインシュタインが実際に立証したことは、そうではなく、ニュートン説が無意味であるどころか説そのものが誤りだということなのである。一方、同時性についてのアインシュタインの再定義は現代操作主義をもたらした。がしかし、アインシュタイン自身は、原子概念を原子の直接に観測可能な量によって置き換えるマッハのやり方に鋭く対立した。

われわれの問題はここに解答に近づいている。発見に含まれている諸原理を同定することがもし困難であるならば、このことは、それら諸原理は全体従属的に発見のなかに存在していることを示している。そして、発見に含まれている諸原理のこうした全体従属的存在に依拠するからこそ、われわれは自らの規準を変えることができるし、そしてまた、規準の権威を従前どおり自らの上に認めることが出来るのである。それは理論上、われわれの規準をはっきりと定めることはできないが、実際上は、それらをこっそり変化させてもよいかもしれない、ということを示唆している。科学的研究の慎重なねらいは問題を解くことであるが、われわれの直観は新しい調和の規準と新しい価値を含む解答によってわれわれの努力に応えてくれるだろう。この解答を確認することで、われわれは暗黙のうちに新しい価値に従い、それら（新しい価値）を暗黙のうちに心に描いているわれわれに対する、それらの権威を認めるのである。

これが実に、新たな価値が導入されるやり方であって、それは科学においても、芸術や人間関係においても変わらない。新たな価値は全体従属的に入り込み、創造的な活動に体現される。こうした後にはじめて、それらが抽象的に言葉で表現され、それへの信奉が表明可能になるのだが、そうすることによって、それらの価値が意図的に選択されたかの外観を呈することになる。しかし、これは不条理である。ある価値の現実の根拠と、その意味は、常に、もともとその価値の証人となったところの傾倒《コミットメント》のなかに隠されたままなのだ。

探究は実在を前提する

真理を生み出す直観の力量へのわれわれの信頼を正当化すると思われる類いの普遍性について、ここでは深く考えることはない。科学的真理をわれわれが保証するにあたってのそれらの役割についてだけ述べよう。科学者の独創性とは、他の科学者が何も見ないところに問題を見ることに在り、また他の科学者が方向を失うところに問題追求の道を見出すことにある。こうした科学者の精神の行為は、厳密に個人的なものであり、彼に帰しうるもの、彼のみに帰しうるものである。しかし、それらは、非個人的な一つの目的から、力を引き出し、導きを受け入れる。なぜなら、科学者の研究は外的実在の存在を前提としているからである。研究はスタートからこれらの条件付きで行なわれ、次いでわれわれの手がかりが指示している方向に、隠された真実を模索しつづける。そして、発見によってこの追求が終わるとき、発見の妥当性は、その発見を越えてさらに遠くを示している実在のヴィジョンによって支えられる。

科学者は自分の探求の全体を通して、何か実在的なものが隠されて外部に現存しているということに依拠するのであるが、そのことによって必然的に、彼は、探求を満足させる結果の妥当性を主張するにあたっても、やはりこの外部的な現存に依拠することになろう。彼の努力が向けられたこの外部の対象が彼に課した試練のすべてを受け容れたとき、科学者は、(同様な知識をもった)他の科学者も、彼を導いた権威を同じ様に認めるであろうことを期待しているのである。自分で自分に命じて実在の探求にあたらせたその根拠に基づいて、科学者は、結果は普遍的に妥当であることを主張せねばならない。これが、科学的発見の普遍的意図である。

私は、普遍性についてではなく、普遍的意図について述べているのである。なぜなら科学者は、自分の主張が受け容れられるかどうか、知ることができないからである。つまり主張は真理かもしれないし、また納得してもらえないかもしれない。科学者には、これが起こりそうだということを期待する理由があるのかもしれない。彼の主張が受け容れられることはあり得るが、仮に受け容れられたとしてもそのこと事体を真理の保証と見なすことはできない。言明について普遍的妥当性を主張することは、それがすべての人々に受け容れられるべきであるということを単に指し示すにすぎない。科学的真理の確認には、それが他の諸評価に対するわれわれ自身の尊敬によって普遍的であると宣言されたもの（他の諸評価）と分かち合う義務があるという特性がある。

発見の予感も発見そのものも、ともに錯覚かもしれない。しかし、その妥当性の非個人的かつ明快な規準を求めることは無駄である。どんな経験的陳述の内容も、三重に不確定なものである。すなわち、それ（経験的陳述の内容）は殆ど特定できない手がかりに頼っている。定義できない原理によってその手がかりを集約している。そして、探求し尽くせない実在について述べている。科学のこれらの不確定性を取り除く企ては、単に、科学を無意味な虚構によって置き換えるのみである。

この本質的不確定性にもかかわらず科学を受け容れることは、われわれの個人的判断のある行為である。それは、科学者たちが探求を行うことによって参加するという傾倒《コミットメント》を共有することである。諸君は傾倒《コミットメント》を形式化できない。というのは諸君が自分の傾倒をその傾倒から離れて客観的に表現できないからである。さらには自分の傾倒を客観的に表現しようとすることは、主題を破壊する分析を実行しようとすることですらある。

すべての優越の希望と起源を同じくしている精神的才能によって科学が成立したこと、並びに、科学がわれわれの精神のこうした無形の力量に基づいていることを確認できるのは喜ぶべきことである。そしてこの確認は、厳密な正確さとか公平さとかいう見かけ倒しの理想によって疑われたわれわれの確信に対して正統性を回復する手助けをしてくれるだろう。

これらの誤った理想は、口先の好意を示すだけの物理学者には害を与えない。しかし、この誤った理想によって活きようとしている他の分野の科学と全ての文化を破壊する。そして他の分野の科学と全ての文化は科学の正しい理想というものと全く無縁となるであろう。だが、お陰でわれわれはもういちど、重要なものをそうでないものより優先させることができるのだ。すなわち無生物の上に生物を、動物の上に人間を、そして人間の上に人間の義務を位置づけ直すことができるのである。

参考文献

コペルニクスについては、彼の著作*De Revolitionibus*の序文ならびに第一、四、十章、および Herbert Dingle, *The Scientlfic Adventure*, London (1952)。

多くの文献に、逆立ちしたイメージを正しくする適応という誤った陳述がある。事実は最初にF. W. Synder and N. H. Pronko, *Vision with Spatial Inversion*, Wichita Kan (1952)に述べられた。

本稿に述べた解釈や十分な証拠はHeinrich Kottenhoff, "Was ist richtiges Sehen mit Umkehrbrillen und in welchem Sinnestellt sich das Sehen um ?" Psychologia Universalis. Vol. 5. (1961)を見よ。

アインシュタインと相対性については*Albert Einstein, Philosopher-Scientist*, ed. P. A. Schlip, New York (1949)およびAdolf Grunbaum, *Phylosophical Problems of Space and Time*, New York (1963)を見よ。無意識な筋肉けいれんのコントロールの報告はR. F. Hefferline et al., *Science*, Vol. 130, 1338 (1959), Vol. 139, 834 (1963)にある。ケプラーに関してはArther Koestler, *The Sleepwalker* (1959)を見よ。激しい科学論争は著者の*Personal Knowleg*, London and Chicago, 1958（長尾史郎訳『個人的知識』九八五年、ハーベスト社）に述べられている。

訳者注

(a) Pierre Maurice Marie Duhem (1861-1916). フランスの物理学者。エコール・ノルマーレに二十歳で入学。二十三歳の時に熱力学に業績(ギブズ-デュエムの式)を挙げ若くしてリール大学講師。三十二歳より一生をボルドー大学理学部正教授として過ごす。電磁気・流体力学にも業績を挙げるとともに科学史、科学哲学にも大きな業績を残した(デュエム・テーゼ)。

(b)　アメリカの心理学者。世界最初の逆さ眼鏡の実験で知られる。Stratton, G.M. 1896 Some preliminary experiments on vision without inversion of the retinal image. *Psychological Review*, **3**, 611-617.

(c)　『プラトン全集9　メノン篇』(藤沢令夫訳)、二七五〜二九四頁。

吸着ポテンシアル理論

科学における権威の功罪

私が哲学に専心するため科学の専門的研究から退いた一九四八年以来、以前は取り上げられることのなかった私の吸着ポテンシアル理論が次第に受け入れられているという報告が時折私の所に届くようになった。「現時点―一九六三年―においては」[a] 私の吸着理論にもはや疑う余地がない[1]とするならば、このような簡単なことが決まるのにかくも長期間を要したのは何故かをふり返ってみるのは価値があることだと思う。

私は吸着に関する最初の論文[1]を四十九年前に書いた。印刷されたのは一九一四年である。そのなかで私は次の仮定をおいた。(i)固体へのガス吸着は、ガス分子の空間的位置に固有なポテンシアルから導かれる引力によるのであり、従って、この吸着ポテンシアル場に存在する他分子の存在には依らない。(ii)この吸着場内では、吸着ガスはその通常の状態式に従う挙動を示す。すなわち、その通常の蒸気圧の密度に圧縮すると液化する。[b]

この理論は最初、一九一六年に発表した論文に十分展開し、そして、以下のように広汎な実験で確認することができた。すなわち、ひとつの温度の蒸気の飽和蒸気圧までの吸着等温線から、吸着ポテンシアルの分布を$\varepsilon = f(\phi)$で表す。ここで、εは吸着ポテンシアル、ϕはεで囲まれた空間容積である。そして、この吸着‐ポテンシアル曲線（εとϕの関係）から任意温度の吸着等温線を計算し、実測と一致することを見出したのである。[c] このことは、私の弟子やその他の研究者によって、実験的に確認された。[2]

この結果は印象的だった。吸着に関して当時最も権威ある研究者であったヘルベルト・フロのインドリッヒ[d]は一九二二年の彼の『界面化学(*Kapillarchemie*)』(再版)に、私の理論の詳細な解説を載せた。彼は私に「いま私自身は貴君の理論にとても傾倒《コミット》している。それが正しいことを期待している」と語った。

実のところ、彼の言葉はすでにある不安を言い表していたし、そして間もなく私の理論はほとんど一般的には否定されてしまった。どうしてそうなったのか?

この理論を提出したころは、事物の本性に迫る輝かしき一連の研究が出現した時代であった。デバイの永久双極子の発見、ボーアの原子模型、そしてブラッグ親子に見出された塩化ナトリウムのイオン構造などによって、物質の構成(The architecture of matter)における電気的力の広汎な役割が確立された。この結果、凝集力は電気的相互作用によって当然、説明されるべきだと思われたし、その方向で多数の理論が研究された。キーゾムは永久四重極子間の静電相互作用を、デバイは四重極子と誘起双極子の相互作用を、それぞれ示唆した。すべての化学結合を正負イオン間の引力で説明するコッセルの試みもまたこの時期に属している。原子の力のこれらの見方は私の吸着理論を否定するものであった。電気的相互作用は、空間に固定したポテンシアルから導きうるものではあり得なかったし、他分子の存在によって遮蔽されるはずのものであったからである。

これらの理論的反対は、一九一六年から一九一九年にアーヴィング・ラングミュアによって提出された三つの実験にもとづく主張によって著しく重みを増した。(i)ラングミュアは、雲母表面へのガスの吸着は単分子層以下の吸着層で飽和する、と報告した。(ii)彼は、吸着等温線は、以後「ラングミュア等温式」と知られるようになった式によって説明できると主張した。その式では、分子は吸着分子同士の引力が無視できるような離散した吸着点上にその引力によって吸着すると仮定されている。[e] (iii)ラングミュアは、みごとな実験によって、水面上の表面膜は高級アルコールなどの単分子膜であることおよびその構造が直下の水との静電相互作用によって決まることを証明した。これらの研究によって、彼はノーベル賞を受賞したのだ。

この証拠はすべて、固体壁を形成している原子の不連続格子点からの近接的電気力、すなわち原子価のモデルを支持すると思われた。そしてこのモデルは私の吸着理論を否定するものであった。

私自身といえば、一九一四年八月から一九一八年十月までオーストリア-ハンガリー陸軍の軍医として服務し、一九一九年末まで続いた革命と反革命のために、しばらくの間はこれらの進展の何等の知識も知ることが出来なかった。余り情報のはいってこないサークルのメンバーは、ある間は理論の単純さと実験との広範な一致によって、私の理論を支持してくれていたと思う。しかし、私の理論の凋落は避けようがなくなってしまっていた。

転機はベルリンのカイザー・ヴィルヘルム協会(f)物理化学研究所で私の理論の詳しい解説をするようにフリッツ・ハーバーから招待された時に訪れた。アインシュタインが私の講演に出席するように、特に招待された。原子間力の電気的概念をまだ完全には受け入れていなかった若干の出席した科学者は、この問題に私が「大きな光明」を投げかけたと祝福したが、アインシュタインとハーバーは、科学的に確立された物質構造に対する全面的否定を誇示したものだと判定した。専門的には、私はこの危機を辛うじて切り抜けた。

しかしながら、自分の理論への私の信念はまったく揺らぎのないものであった。そしてその妥当性を証明しようと考えて一連の実験に取りかかった。実験は、若干の系統的ズレがあったが、理論をよく支持する証拠を与えてくれた。これらのズレを私は、次の事実に起因するものと考えた。すなわち、きわめて薄い、おそらく単分子的な吸着層の表面張力が、吸着量の多いときには成立する仮定（ガスはその状態式に従って挙動するという）をある程度無効にしているという事実にである。(g) さらにもう一度、私はベルリンでハーバーが主催する会合でこの結果を報告した。報告を終えた時、ハーバーは、私が理論からの系統的ズレを認めたことおよびこのズレの説明として吸着層がおそらく単分子的厚さであることを認めたことによって、私が事実上、理論を放棄した、と宣言した。もちろん私はそんなことをしたのではなかったが、私は確かに理論への信念において少なくとも当時の指導的科学者たちから全く孤立してしまった。(3)

反証（反論）

それにもかかわらず救いが近づきつつあった。一九三〇年に、F・ロンドン(h)は、電子系の分極間の量子力学的共鳴に基づいて新しい凝集力理論を提出した。私は直ちにロンドンに次の質問を放った。「凝集力は妨害分子によって遮蔽されるか？　凝集力が働いている固体は空間的に固定した吸着ポテンシアルを持つだろうか？」ロンドンは計算を行ない、そしてわれわれは一緒に吸着力は全く私の理論の仮定のとおりに作用するという結果を発表した（一九三〇年に）。われわれは、このことを見出したので、固体壁の吸着ポテンシアルは壁からの距離の三乗に比例して減少すると推論した（これ以後、私はこの推論を、**"inverse third law（逆三乗則）"**としている）。

その翌年、私は吸着に関してファラデー協会で冒頭（再開）講演をするよう招待された。その講演で、私は逆三乗則をくさび形裂目に対する吸着ポテンシアル決定へ応用すると活性炭に観測されている特徴的な型の $\varepsilon = f(\phi)$ 曲線が得られることを示した。

私は、一五年間の闘いにいまや勝利したと思った。がしかし、このファラデー協会での私の論文[4]は実際に何らの感銘も与えなかった。この時まで、私の理論が誤っているという主張は、それが拒否されていた理由が忘れ去られて、ひとり歩きをしていたように思われる。だから、拒否の理由に対する私の反論は何ら効果がなかったのだ。

もちろん、まだ克服せねばならぬいくつかの異論が存在していた。前述のように展開されたラングミュアの主張は、タングステンへのセシウム蒸気吸着からの新しい証拠がつけ加えられていた。凝集力による吸着から化学吸着への興味も生じた。後者は固体の触媒作用に関係するからである。吸着としては、化学吸着はほとんど吸着平衡を与えないから吸着等温線研究に向かないのだが。そのほかに、私が実験に用いた吸着剤が多孔質であり表面が不規則な構造のものであったことから理論の適用が疑問視された。このことは現在まで影響した。

しかしながら、ラングミュアが雲母への吸着等温線（一九一七年の実験）を高圧に補外して単分子膜完成によって吸着が飽和すると結論したことは、すぐに誤りであることが証明された。だが、ラングミュアの等温式自体が理論的に誤りであることが今日でも十分に理解されていないように思われる。凝集力によるいかなる吸着にもそれは適用できない。表面上の場所による吸着エネルギーの差は吸着分子相互の凝集力よりはるかに小さく「表面上に離散的に吸着することはありえない」からである。ラングミュア等温式は、化学吸着が可逆的であるときに適用できるだろう。だが、私の知る限りその唯一の例は負に帯電したタングステン表面へのセシウム陽イオンの吸着という特殊なケースである。したがって、ラングミュア等温式は、吸着平衡の低圧における近似として扱うことも誤りであり、完全に破棄すべきである。

近年の研究は、平滑表面上の第一層あるいは第二層を超える吸着に相当する等温線は逆三乗則に従う吸着ポテンシアルから導き出せることを示した。(i) 第一層に相当する等温線部分は逆三乗則に合わないが、私の考えでは、第一層の表面張力が通常のガス状態式の成立を妨げるように働く為である。平滑表面にたいする逆三乗則の推論の確認は見事な実験的成果である。そして一方、多孔質吸着剤は吸着層が表面張力の影響を少なくするように蓄積するため、全吸着等温線に通常のガス状態式が適用できうという利点をもっている。私の理論の実験的検証を、多孔質吸着剤を用いているという理由で信用しなかったこと自体が不当であることが証明されたのである。

以上の歴史的概観は、吸着のこの妥当な理論が殆ど半世紀も受け入れられなかった事実を不思議に思っていた科学者には興味があろう。しかし、私は科学的方法との関連に大なる興味を覚えるのである。

科学的方法に関連して

銘記すべき第一点は、もし私が物理学においてなされつつあった主要な発展をもっとよく知っていたとすれば、私はこの理論を思いつくこともなかったし、したがってそれを立証するために多大な努力を払うこともなかったという事実である。しかし、私のアイディアに対して提起された強力な誤った異論を最初は知らなかったことが、かえって着想がつぼみのうちに摘み取られることを防いだ。後に私は、自分の理論を立証するに必要な仕事を意図することでそれらの異論に免疫となったが、それらを拒否するほど力強くはなっていなかった。私が立証したことは、それが見かけだおしのものだと決めこんでしまっている人々には全く効果がなかった。私が仮定したような吸着ポテンシアルは電気的力から導けなかったがために、そして、そのような吸着ポテンシアルを説明しうる原理が当時思いつかれていなかったがために、当時流行の物質観にそったラングミュアの主張のほうが、誤りであった（すなわち固体への吸着には不適当であった）にもかかわらず、受け入れられた。そして、私の証拠は正しいものであったにもかかわらず、調べられることもなく否定された。そのことに関して私は全く無力であった。

証拠の抑圧（無視）

科学的方法のこの誤審を避けることはできただろうか？　私はそうは思わない。事物の本質について、支配的に承認されている科学的見解が常に存在していなければならない。この見解のもとに研究が科学者のコミュニティのメンバーによって共通に進められるのである。この見解と矛盾するいかなる証拠も妥当ではないという強い確信は普及する必要がある。そして、たとえ説明できなくとも、いつかそれが誤りであるか不適切であるかがわかるであろうという見込みのもとに、このような証拠は無視されねばならない。

私はここに、もっともと思われる支配的見解がそれに対立する証拠を抑圧するやりかたについての論説で述べた若干のコメントをここで繰り返しておきたい。[(5)] 元素の変換であると解釈できる実験結果がしばしば実験室でみつかる。しかし、名のある研究者によるものであって、しかも、そのようなプロセスの可能性にもっともらしいいくつかの理由が存在するときにのみ、変換が成功したという主張が印刷公表される。ラザフォードとソディの放射性（物質）変換の発見（一九〇二―三）に刺激されて、すぐ注意深い研究者が、自分たちは物質変換を達成したと間違った一連の主張をしたのが、そのような例であった。A・T・カメロン（一九〇七）とウイリアム・ラムゼー卿（一九〇八）はα‐粒子の作用の結果、銅がリチウムに変換したとアナウンスした。

一九一三年にコーリーとパターソンは、水素中の放電によってヘリウムとネオンが生成したと主張した。これらの主張の誤りが証明された後、新しい報告はなかったが、ラザフォードが人工変換のある形式を発見した三年後、一九二二年に再び間違った証拠にもとづく同様な主張の一群があらわれた。放電効果による水銀の金への変換がドイツのミースとスタムライヒおよび日本の長岡によって独立に報告された。スミッツとカルッセンは鉛の水銀とタリウムへの変換を報じた。パネスとピータースは、白金触媒の影響によって水素がヘリウムに変化したと主張した。結局のところこれらの主張はすべて放棄された。最後のものは一九二八年にあきらめられた。一年後に放射崩壊の理論が確立された。そしてこれは、右に述べたような元素変換の試みが無効であることを示した。それ以来、現在までそういった試みの主張を見かけない。ラムゼイ、パネスおよびその他の人々が提出したこの種の変換の証拠はいつでも発掘されるべきであるが、それは無視され印刷のために受理されないであろう。何故ならもはや十分もっともらしいと考えられていないからである。マイケルソン‐モーレーの実験結果と矛盾している

D・C・ミラーの観測も思い出してほしい。それは間違いなく約五十年もの間、顧みられなかった。それは一九五五年まで説明されることなく、そして間違っていることを示されることもなかった。[6]

故に、現在では誤りであることが証明されてしまっているが、当時は十分な根拠があると思われた理由によって、私の理論を抑圧したことに不平をいっているのではない。もともとの反対が根拠のないことを証明した一九三二年の論文提出後、十五年以上も経過してからこの理論の再発見と漸進的な復権がはじまったのはなぜかを理解するのは、おそらくもっと困難である。前の時期から多くの混乱が起こっていたので、科学者が新しい事態を認めるのに時間を要したこと、および長く信用されてこなかった私自身の仕事がその間疑問のままであったのだと私は想像する。また、もし問題がもっと重要なものだったならば、この潜在の期間は疑いなく短縮されていたにちがいない。

事物の本質についての正統な見解に逆行する証拠を抑圧もしくは無視する危険は、もちろん悪名高いものであり、それはしばしば悲惨なものであることを示した。科学は、正統に対するある程度の異論を許容することによって、ある程度まではこれらの危険を防衛する。がしかし、正統的な科学的見解は、自身の最終的リスクにおいて、権威を行使すべきである。もし多くのナンセンスな印刷を拒否しないならば科学論文誌は価値の少ないものになってしまう。

学問は厳格であらねばならないし事実厳格である。私の吸着理論を一九一六年より五年おそく提出していたら科学論文誌の審査員に通してもらえたかどうか疑問だったと思う。一九一六年の時点では審査員が比較的無知であったこと、また私の理論の内容を一九一七年にPh・D学位論文として受理したブダペスト大学の理論物理学教授が全く無知であったこと（これらの恩知らずの言いぐさを故人の魂が許してくれますように！）は、私にとってとても幸運だった。

それにしても、私の理論への反論は、私がもっていた科学者としてのいかなる希望もこわしてしまうところだった。医学を離れて遅れてスタートを切った私は、吸着理論によってもたらされた不信を補って余りある評価をもたらすような、他の科学的な仕事はしていなかったのだ。

マンチェスター大学の物理化学教授としてさえ、私の理論を教えることは不可能であった。学部学生はそれについて試験されることを期待したものだった。しかし、試験は学外試験官と私より若い教授スタッフを含む委員会が担当した。彼らに、一般的に受け入れられている意見に全面的に対立している見方を押しつけることはできなかった。大学の試験の組織は、支配的な科学的見解と矛盾する見方を教えることを極端に嫌うのである。

正統と異端

ここで私は、科学において正統性の支配とそれに対する異議の申し立ての権利との現在のバランスを論じているのではないことを繰り返す。私は単に次の事実を認めることを強く主張しているのである。すなわち、科学的方法はわずかの異議だけを許し得る正統性によって絶えず鍛えられるものであり、また鍛えられねばならないという事実、と同時にその正統性に対する異議を申し立てる者に対して重大なリスクをはらむものであるという事実である。科学者としてのわれわれの知的誠実さのためにこの状況の明確な認識を強く要求する。そして私はこの状況は今日認識されておらず、反対に、科学についての現在通用している宣言によってあいまいにされていることを告発する。次のB・ラッセルの言によって見てほしい。(7)

科学の勝利は権威の代わりに観測と推論を置いたことによっている。知的な問題に権威を復活しようとするどんな試みも退歩である。そして、科学における断言は確実であることを主張するものでなく、現在の証拠に基づいた最も確からしいものであることをのみ主張するのであるということは科学的態度の不可欠な要素である。科学のスピリットを理解している人々に科学が与える大きな恩典の一つは主観的権威の盲信なしに彼らが生きられるようにすることである。

このような言明は、支配的科学見解の権威が科学的制度の秩序に不可欠であるという事実をあいまいにする。この権威の危険は科学的進歩に対する不断の脅威であるとしても、その機能がきわめて貴重なのである。この権威がそれ自らが教えるところの確実性の主張なしに行使されたという証拠はないことを私は見てきた。単に確からしさの主張をしている科学的意見のほうが、確実性の主張をしている科学的意見よりも正当化しやすいと仮定することはいかなる場合にも間違いである。両者ともにコミットメントを表明しているのであり、この程度において両者ともその証拠以上のことを表明せざるを得ない。

前述の科学の誤審の例はそれ自体としては重要なものではなかったかもしれないが、それは私に特別に危険な科学的説明の形式のあやうさをあれこれ考えさせるものだ。一九一二年から一九三〇年の期間の物理学者たちは、電気的力のみが分子間力を説明できるということを合理的な疑問を越えて、確立されたものとして考えた。考え得ると思われる分子間力の他の原理がないから、この説明の不十分さについての議論は非科学的であるとして拒否された。このことは、考え得ると思われる科学的なものとして受容できる他の説明がないために、多くの生物学者が今日、現在通用している進化の淘汰理論の難点のすべてを顧みない焦りを私に思い起こさせる。科学的なものとして受容される他のとりうる方法がないため、というこの種の議論は時に正しいが、私には科学的権威の最も危険な適用と思われる。

引用文献

(1) これに関しては次の概説によっている。
M. M. Dubinin「エネルギー的不均一表面をもつ吸着剤へのガス、蒸気吸着のポテンシアル理論」Chem. Rev, 60235 (1960)。および R. S. Hansen and C. A. Smolders, "Colloid and surface Chemistry the mainstream of modern chemistry" J. Chem Edu. 30, 167 (1962).

(2) 一九一四年の論文で私は蒸気の吸着等温線から吸着量の関数として吸着分子のポテンシアルエネルギーを計算した。私は吸着量を、表面と仮定した吸着剤表面からの距離と等しいとした（吸着剤が実際に多孔性であったという事実は理論の予測に影響しなかった。一九一六年の論文で、ポテンシアル面に囲まれた体積は吸着ポテンシアルが依存するところの変数であるという考えを導入した）。吸着ポテンシアルという用語は、最初オイケン（Eucken, Verhandl. Deut. Phys. 16, 345 (1914)）によって、私の一九一四年の論文の出る一、二か月前に導入された。オイケンは、吸着剤表面からの距離による吸着ポテンシアルの減少に対するあるポテンシアル式から、吸着等温線の直線部分の温度変化を計算した。この操作は次の点で間違っていた。吸着剤の多孔性の不十分な考慮。多孔性は、平面上の場合に比してポテンシアル分布を大きく変える。(ii)等温線の仮想的な直線部分の傾斜が文献の曲がった等温線の初期勾配から評価された。この操作は正しいといえないものであった。(iii)この操作は自己矛盾であった。というのは理論自体に従って、そこでは理想気体則は多分成立し得なかった条件に対して理想気体則が適用されているからである。(iv)平滑固体表面の吸着ポテンシアルに対して用いられた仮想式は正しくなかった。八年後、オイケン（Z. Elektrochem, 28, 6 (1922)）は私の理論を攻撃した。一方で彼自身の仮定を、私が使ったものを含むように修正した。

(3) 一九一八年に発表された論文の一つ（Z. phy. Chem, 132, 321 (1928)）は新しい角度からの私の理論に強力な支持を与えた。ある物質の融点下では、飽和吸着量は融点まで温度上昇とともに確実に上昇することを示した。この効果の性質と大きさは私の理論で仮定したこと、即ち、吸着層は吸着物質のアモルファス形態であるということから導くことができた。しかし、この論文は注目されることなく全く消え去ってしまった。

(4) M. Polanyi, Trans Farady Soc. **28**, 316 (1932).

(5) M. Polanyi, *Science, Faith and Society,* (Oxford Univ. Press, Oxford, 1946) pp. 75 -76.

(6) M. Polanyi, *Personal Knowledge,* (Univ. of Chicago Press, Chicago, 1959) p.l3.（長尾史郎訳『個人的知識』ハーベスト社、一九八五年）を見よ。他のケースは、同上、p.276およびM. Polanyi, *Logic of Liberty,* (Univ. of Chicago Press, Chicago, 1957) p.17.

(7) B. Russell, *The Impact of Science on Society,* (Allen and Unurn, London, 1952), pp.110-111.

訳者注

(a) 本論文発表の時点。

(b) ここで通常の状態式とは、通常の条件における実際の状態式（実在気体の状態式）のことである。固体表面上の引力場内でもこの状態式が成立するというのが仮定(ii)である。飽和蒸気圧以下でも引力の大きな場所ではガス分子密度が大きくなり液化する。

(c) 絶対温度Tの通常の条件下の液体上の蒸気の熱力学ポテンシアルは$RTlnP_0$である。おなじ温度の吸着剤上の蒸気圧Pと平衡にある吸着量をV（液体として）とし、吸着した蒸気は液体となっているとすると平衡蒸気の熱力学ポテンシアルは前記のポテンシアルと等しい。通常条件下の圧Pの蒸気の熱力学ポテンシアル$RTLnP$であるから、引力ポテンシアル—ε—が加算されていることになる（液体の構造は吸着して変わらないと仮定すれば）。したがって、$\varepsilon = RTln\,(P_0/P)$となる。そして、εの等ポテンシアル面に囲まれた吸着空間の内部の引力ポテンシアルはεより大きいから液体で満たされており、その体積はVである。これで、等温線（PとVの関係）から吸着ポテンシアル曲線（εとVすなわちφの関係）が得られるわけである。一度、後者が決まれば、液体密度の温度変化を考慮して、他の温度での等温線を計算によって求めることができる。

(d) ドイツの物理化学者（一八八〇～一九四一）。一九一六年、カイザー・ヴィルヘルム物理化学研究所副所長、後に英米に亡命。界面化学、とくに吸着研究に業績をあげた。

(e) ラングミュアは、吸着を固体表面上の格子点への分子の結合と考えた。吸着した分子の間には相互作用がないと仮定すれば、次のように簡単にラングミュア式が導ける。表面上の全格子点数をb、平衡における吸着分子数をVとする。平衡においては、吸着する分子数と脱離する分子数とがバランスしている。前者は、空いている格子点に衝突するガス分子数に比例するから$KP\,(b-V)$であり、後者は、吸着分子数に比例するから$K'P$ある。(K、K'は比例定数)。両者を等置し、(K/K')を αと書けば

ラングミュア式　$V = abP/\,(1 + aP)$

が得られる。この式は、圧Pの増加とともに吸着量Vは増加して一定値bに近づくことを示す。ラング

ミュアは、雲母板や硝子板（表面積既知）へのアルゴンやメタンの低温吸着がこの式に従うこと、bが格子点数の一〇％程であることを見出した。そこで最大（飽和）吸着量は一分子層（単分子膜）であると結論した。

(f) 一九一一年、創立。現マックス・プランク協会。自然科学、文化科学の研究組織で約五十の研究所よりなる。

(g) 液体が一分子層、二分子層の厚さとなると液体としての性質をかなり失う。そのひとつが蒸気圧である。表面張力も通常の意味を失うことになる。

(h) ドイツ-アメリカの理論物理学者（一九〇〇～一九五四）。ハイトラーと化学結合の量子力学、後に超低温現象（超電導、超流動）の研究に業績を残した。

(i) 平滑表面からの距離Lにおけるポテンシアルは、逆三乗則では$\varepsilon = C/L^3$となる。表面積をSとすれば、$V = SL$であり、(c)より$RTln\ (P_0/P) = CS^3/V^3$を得る。これがアナタース（酸化チタン、平滑表面）への多層吸着等温線を極めて良く説明する。

アカデミックな科学と産業の科学

まずこの問題の歴史的発展を概観したいと思う。技術《テクノロジー》は科学より古く、道具を作ることから始まっているから、人類の霊長類からの出現の時期から始まったといえる。そして、数十万年もの間、絶えず進歩してきたものである。自然についての体系的研究——これをわれわれは科学と呼んでいるは——、僅か四百年程前に始まり、その後百年ほどしてやっと軌道に乗ったに過ぎない。三百年前の王立協会《ロイヤルソサエティ》の創始者たちは、科学と技術をはっきり区別しなかった。実のところは、両者の間には当時、殆ど相互作用がなかったのである。十八世紀から十九世紀初頭にかけての産業革命は、工業、農業ならびに商業の一連の進歩によって達成されたのだが、これらの進歩は科学の進歩の恩恵を殆ど受けていなかったのである。

その当時の大学における科学研究はごくささいなものであって、十九世紀半ばから急速かつ大規模な発展が始まったのである。純粋科学と技術との明確な区別が初めて生じたのもこの時期である。電気産業と化学産業の勃興によって、この区別は重要なものとなった。科学の進歩が工業生産に貢献することは大いに理解されたが、そうかといってそのことが大学での理論的な科学研究に影響を及ぼすことはなかった。よく知られているように、これらの科学に関心のある新しい産業に人材を供給するため、科学教育を拡大しなければならなかった。そこで、近代技術《モダンテクノロジー》の原理を発展させかつ新産業への志願者に教授する新しい工業大学を新たに創設しなければならなかった。

しかし、一九三〇年代に拡がった新しい思潮が、科学と技術の区別に疑問をなげかけた。二つの主な要因がこの新しい思潮の出現に寄与している。一つは、第二次大戦でのかの決定的武器を産み出すことになる科学の技術的応用の限りない拡大であり、もう一つは、現代社会が掲げている目的に起こった変化であった。すなわち、国家は国民生活水準の向上を第一の義務と認識するに至ったことである。そして、この政治理論の大学に対する影響が、大学拡張の財政負担を政府が引き受けたことによって強化された。政治と社会に敏感な一部の科学者たちは、この新しい思潮に進んで同調したのである。一九三八年八月、英国科学振興協会は、科学の発展に社会的先導を与える目的で「科学の社会・国際関係部会」を発足させた。「科学研究者協会」の計画はもっと極端なものだった。一九四三年一月ロンドンのカクストンホールでの振興協会は全国の最も著名な科学者で満員であった。そして、研究は今後もはや自己目的のために行なわれることはあり得ない（会議を公式に総括したダーリントン教授の言葉で言えば）と決議された。更に会議は、科学は今後、産業ならびに公共サービスへの有用性によって導かれるべきであることを、終始鮮明にした。このような要求はそれ以後減退したが、彼らが提案した基本的問題はいまだに未解決である。大きな科学的発見があるとき、それの将来の技術的応用がいかなるものであるかを予測することは全く不可能であることが、いまだ十分に認識されていない。

不可能と私が言った意味を示す一つの例がある。一九四五年一月、ラッセル卿と私はＢＢＣの番組「ブレーントラスト」に一緒に出演していた。そこでアインシュタインの相対性理論の技術的利用について質問されたが、二人とも何も思いつけなかったのである。相対性理論の発表から四十年、アインシュタインが研究を始めてから五十年も後のことであり、マイケルソンとモーレーの実験から五十八年も経っていたのにである。ラッセルも私も何も思いつけなかった相対性理論の技術的応用が、実際には、ほんの三か月後には最初の原子爆弾によってその姿を現そうとしていたのである。爆発のエネルギーは、相対性理論の方程式の $e = mc^2$ に従い質量の消失によって放出されたからである。そして、この方程式は、直ちに、それの最高の実用的重要性のシンボルとして「タイム」誌の表紙に派手に書きたてられた。

一九四五年一月のことだったのだから、ラッセルと私は相対性理論のこの応用を少しは予見できてよかったはずである。だが、今世紀初めに相対性理論の発見につながった問題に着手したとき、アインシュタインがこのような将来を思いつくことは恐らく出来なかっただろうことは明らかである。その一つの理由は、原子力時代を切り拓いたこの技術プロセスが生み出されるためには、他の何十ものいやもっと数多くの発見がなされ、それらが相対性理論と結びつけられなければならなかったからである。

自明と思われることを長々と述べたことをお詫びしよう。しかし、インペリアルカレッジのH・レヴィ教授が、著名な英国科学者の一九四三年一月の会議で次のように言ったのはさほどの昔ではないのである。「極めて重要な科学的発見の多くは、その社会的重要性やありうべき応用に全く無頓着な個人によってなされてきたという議論を聞くとき、私は『このような賢い人たちがこれほどまでに無知であるとは、全く気の毒に』と思わざるをえない」と。また現在、次のような愚痴が繰り返されるのを聞くことはないだろうか？　英国の科学的発見は最初に自国の産業に応用されたことはないのではないかと。これはあたかも、いかなる純粋科学の進歩も即座に工業技術への応用につながるはずだと言わんばかりである。そしてまた何よりも、今日、科学研究の援助資金を募らんがために、富と権力の増強のために科学研究を役立てることを強調しすぎてはいないだろうか？　こういったことが、科学の進歩は、将来、生じるかどうかわからない利益を顧慮することなく、科学的発見に情熱を燃やす人々の努力による以外にはあり得ないという十九世紀に明確に認識された基本的事実をあいまいにしてしまわないだろうか？　このことは科学者の栄光をうたいあげているのではなく、単に、科学の進歩は科学的成果の美しさが特定の人々に及ぼす特別な魅力に基づくものだ、という簡単な事実を述べているに過ぎない。簡単な事実といっても、これは単なる自明の理ということでもない。詳しく調べると、科学の組織の基礎にある注目すべきメカニズムが明らかとなる。そして、科学と技術との明確な区別、並びにこの二領域のギャップを埋めている原理、の両方についての見通しを与えてくれる。本講演の主な目的はこの見通しの追求にある。

科学が観察された事実を含むことは認めるが、日常生活でよく出会う多くの事実は無意味なものとして科学から排除されている。ましてや事実が、システムをつくっていることだけで科学の一部と見なされていることは決してない。電話帳も機関車番号のコレクションもそれらを作るのに一生を費やす人もいるが、科学の要素とは見なされない。なぜかといえば、これらのシステムは自然理解に対して何ら付け加えるものがないからである。事実や事実のシステムが自然理解を深化させる場合にのみ、それらは科学にとって興味がある。

時に単一の新発見が、全くシステムを形成しないものでも、偉大な発見であることがある。チコ・ブラーエが一五七二年に新恒星の生成に注目したとき、またラザフォードとソディーが放射性元素の変換を初めて立証したとき、彼らは大発見をしたのである。事物の本質への新しい見方を拓いたからである。これらの業績は、万有引力のかの壮大な一般化にわれわれが見出すのと全く同じ科学的美しさを持っている。

しかし科学的美しさの本質は、場合によって異なるし、時にはもっと重要なものでもある。物理学の美しさの要因と生物学のそれとは違う。物理学は精密科学の理想なのだ。物理学は、数学的方程式によって表現される厳密な法則の広範な体系に従う精密に観測され得る諸変数に基づいている。これに対し生物学は、数学的には定義されえない動植物を扱い、生物学者にはそれらを典型的形態の微妙な違いの識別によって無数の種に分類する。生物学の主な理論はこのような性格をもっている。ハーベイの血液循環説は器官とその機能を取り扱っているが、両者は定性的基準によって識別されているのであり、数学的法則に従っているのではない。なるほど精密な測定は、器官やその機能、あるいは生き物を全体として対象とする場合に限って、生物学にとって意味がある。数理物理学を科学的完全性の理想とみなすデカルト以来支配的な現代科学の傾向が、生物学者の間に、実際には非物理学の全科学者の間に劣等感を引き起こし、不可解なまでに厳密性へと彼らをかり立て、時には対象との関係をすべて見失わせてしまう理由である。

このような傾向には、科学的美しさが多くの要因から成る複合的性質のものであり、厳密性はそのひとつの要因でしかないという事実の再認によって強く反対を受けざるをえない。なぜなら、他因子——対象に固有の興味——といった要因は生き物を扱う生物学では、生命のない物体を研究する物理学においてよりはるかに重要だからである。われわれにとって生き物の魅力が生物学における厳密性の欠如を補うものであり、逆に物理学では数学的理論の美しさが岩石や液体や気体はそれ自体ではあまり面白いものではないという事実を償っているのである。

だが、これで科学的発見の美しさに貢献する諸要因を全部論じたというわけではない。発見は、ただ単にその美しい中味だけで評価されるのでなく、科学へのそのような新しくてしかも美しい貢献をする行為として評価されるのである。発見といわれるほどのものは、その行為が目ざましいものでなければならない。科学の現行の枠組みに基づいた見方の単なる拡張は発見とはなるまい。現行の枠組みを拡大するとか、少なくともこの枠組みのなかに重要な変化を起こさせるような飛躍がなければならぬ。これが、独創性とわれわれが意味するものである。独創性は発見をエキサイティングなものとし、発見者を常人と区別する創造性である。

要約すれば、科学的発見の価値——これへの情熱こそ人々を科学の発展へと誘いそして導き得る唯一の動機であるが——は多くの性質の組み合わせから成っている。主たる性質は独創性、即ち、科学的枠組みの急激な拡大もしくは改良によって測られるものであり、事物の本質のより深い理解の創出である。そして、この創出された理解、すなわち厳密性ともう一方の対象固有の興味という二つの競合する性質の存在が評価されるのである。科学者はこのような複合した価値によって査定される成果を求めて努力しなければならない。そして、結果を公表する際にも、そしてもちろん専門的科学者として認められるに際しても、その成果は有効な意見を寄せた優れた共同研究者と共有すべきであるし、少なくとも共有するようにしなければならない。

この問題を追求していくと、ある面白い問題に出会う。これに少し触れておく。それは、このような複雑で微妙な判断基準による科学的発見の優秀さに関して、いかにして科学者間に有効な合意が成立しうるか、という問題である。個々の科学者は自分の分野に隣接するごく狭い分野についてしか判断する資格がないという事実を配慮した上でのことである。かかる合意は隣接分野の科学者間の絶えざる相互批判によって確立される。各分野の判断が一致するところによって科学的見解が統一される。このシステムは有効に機能するから、ロンドン王立協会では会員候補者選定で天文学から医学にわたる広い科学分野で業績水準の確認を普通に行うことができるのである。そしてこのランクづけが抵抗なしに科学界全体に一般的に受け入れられている。

現在働いている科学者集団もしくはコミュニティの合意は科学者すべての専門的研究に影響

力を及ぼしている。対象の選択や実際の研究の進め方はすべて個々の科学者の責任でなされるものであるが、個々の科学者が主張する発見の認知は団体としての科学者の統一見解の権限下にある。このような権威は常に、ある範囲の問題だけを科学研究の適当なテーマと認めることになり、それ以外の分野には教育上および研究上なんらの強化措置も定員《ポスト》も提供されないことになるし、研究発表の雑誌も制限されることになる。さらに、統一見解を代表する論文審査員《レフェリー》の同意なしには論文の公表ができない。かかる審査員は、（統一見解から見て）貧弱だと考える方向の研究には目をつぶり、重要だと思う方向の研究を好む傾向がある。この観点で更に大きな権力が審査員によって科学者の任命、特別補助金の配分、栄誉の授与の勧告に行使されることになる。これらの勧告は、その分野の大家と一般に認められている少数の年輩科学者によってなされるのが普通である。彼らは勧告することによって、新しい方向の研究の成長を遅らせることも早めることもできる。新しい傾向に特別補助金を供給することもできるし、賞やその他の称号を授与することによって有望な研究者を一夜のうちに権威ある一本立ちした地位につけることもできる。新しい人間の任命を勧告することによっても新たな発展を促すことができる。十年もあれば、空席となった講座への特定の候補者選択によって新しい学派の確立が可能であろう。これらすべてに関して、科学的統一見解のこれらリーダーたちはたった一つの至上原理に従っている。彼らは、発展中のすべての科学のフロンティアに対してほぼ一様な評価基準を保持する責任がある。このような基準によって、成長が止まりつつある部門を犠牲にして、成長が有望な科学の研究項目の方に財政援助や奨励を続けなければならない。

科学的統一見解のかかる支配機構は、「資源」もしくは「資金」の合理的配分維持のためだけでなく、あらゆる専門分野において、一般公衆に対して学問の権威を守るためにも必要である。公表された論文は自由に論議され、しばしの間論議を呼ぶことがあっても、科学的論争は普通、ほどほどの時間が経てばおさまってしまうものである。その後、結果は大学などの学校の教科書に受け継がれるが、この成文化の最終過程は書評これの権威によって教科書が広められるのだがによって表わされる科学的統一見解の支配下に再び置かれることになる。

科学的統一見解がときに間違っていることがあるかもしれない。その結果、高い創造性と長所のある非正統的研究が妨げられたり、しばらくの間完全に抑圧されたりすることがあるかもしれない。しかし、このようなリスクはあっても止むをえない。有効な科学的統一見解によって課された秩序のみが、変人や道楽者が不純物を科学へ持ち込むのを阻止しうるからである。安定した科学的統一見解の支配がない一部の学会では刺激欠如のため研究が沈滞してしまう。しかも、陳腐な業績や全然無意味な自慢に基づくごまかしの名声が幅をきかすことになる。政治と商売が人事や科学補助金授与を荒廃させてしまう。あまり多くのくだらない論文のために科学論文誌は読むに堪えないものとなってしまう。

とは言っても、ある特定の研究の実施を命令することは決して科学的統一見解の機能ではない。その機能は、個々の経験を積んだ科学者が自らの考えで研究を遂行する基準の枠組みを課するのみである。個々の研究者が、最も見込みがあると思う問題を選び、自分だけの判断によって日々研究方針を変えるのを少しでも妨害してはならない。事実、科学者間のこの合意（統一見解）は、科学的発見を高く評価することによって、自ら独得の着想に仮借なきまま従っている独立したもしくは「孤立した」科学者を鼓舞できる。というのは、現在受け入れられている見方をくつがえすような発見に対しては最高の賞が与えられるからである。更に、科学的発見の熱烈な賞賛のおかげで、科学的統一見解は、発見の秘められた可能性が個々の科学者の独創的精神にのみ姿を現すという事実を認めることになる。かくてそれは、科学的統一見解の権威ある枠組みのなかで科学研究が組織されるという原理を確立する。すべての円熟した科学者には完全な独立性が与えられるべきである。そうすれば、彼らは、発見の可能性のあるすべての分野に分散し、最も有利と思う課題に独自の才能を発揮するに違いない。かくて、可能なかぎり多くの問題が取り扱われることになり、科学は極めて迅速に、発見者以外には気付かれていない隠された知識の種類――科学の進歩が依拠する新しい知識の種類である――に向けてあらゆる方向に浸透していくであろう。科学的統一見解は、科学的発見の真の基準を守ることにより、科学の活力を組織するべきものであるといってよいであろう。従ってこれらの基準に応じて認知を求めることにより――他の科学者の公表された結果も考慮するが――それぞれの円熟した科学者は、科学の進歩に対する最善の可能な貢献をすることによって専門家として最大の成功を収めることになろう。

以上が組織原理であり、この下で二十世紀における未曾有の科学の発展が達成されたのである。これら原理の操作に欠点を見いだすことはたやすい。がしかし、私の意見では、これらこそ、創造性が集中したこの広大な領域を効果的に推進し調整し得た唯一の原理でありつづけたものなのである。ソビエトにおいて適用された他の方法の主張は、詳しく検討すれば何ら根拠のないものであることがわかる。科学が少しでも進歩すべきであるとするなら、社会は科学を、その欲するままの条件でそれ自身の目的のために、助成しなければならない。

このことは、科学者の私的享楽に援助せよと社会に要求している意味では決してない。確かに、専門家だけが特別の発見の美しさを十分に味わうことができる。しかし、発見の純粋科学上の美しさによって極めて多くの反響は惹き起こされうるのだ。近年のホイルやローヴェル、さらに近くではライルの天体観測や理論は、毎日の新聞紙上を賑わし人々の大きな関心を呼び起こした。この関心は、科学者自身がこれらの進歩に抱いている関心と本質的に異なるものではない。事実、ここ三百年間、科学の進歩は宇宙に関するわれわれの考えを支配し、(良きにせよ悪しきにせよ) 人間存在の意味を著しく修正した。あるいは科学の進歩の純粋に理論的な影響が広がったのである。大衆は富と権力の源泉としてのみ科学に関心を持っていると考えている人々は、大衆を大いに誤解しているのである。有権者が、かねてより大学を支えてきた民間の後援者よりも、事物の本質を探求するという目的では科学を支持しようとはしないと考える理由はない。

大学はこのような立場から有権者に訴える勇気をもつべきである。正直者は、少なくともこのことを要求すべきである。というのは、大学における科学研究遂行の唯一の正当性は、大学こそが堕落した妨害や混乱なしに、科学的統一見解の形成のため他分野の人々との親密な会合を提供するという事実にあるからである。われわれはこのことを率直に再認し、十九世紀に認知されていたアカデミックな科学の地位を繰り返し主張すべきである。科学は、科学への社会的指導運動以前と全く同じやり方でこれからも大学に於いて行なわれていく他はないから、なおさらのことである。

純粋科学の古い象牙の塔を再建したところで、今度は、巨大な煙突群が尊大に国民の富と権力を増すように科学者に命令している都市の反対側に行ってみよう。この社会的要求を、科学をそれ自体のために奨励する要求と区別することは、それほど困難で不自然なことなのであろうか？

科学と技術の基本的差異は、まず両者の類似点を指摘すれば最も容易に明らかになるだろう。両者とも観察された事実と事物の本質の理解に依拠している。科学と技術の両者とも、その発展のためには高度の創意工夫を必要とする。独創性は技術においても、事実、極めて厳重に査定されるのである。特許審査会は、既知の技術知識の単なる拡張ではないことを示し得る技術進歩に対してのみ特許を認めるだろう。審査会は、それが、科学者が新しい発見の兆候に感じるのと同じ種類の驚きと活気を引き起こすような、論理的ギャップを跳びこえるものであるよう要求する。このようなエキサイティングな技術進歩だけが特許による保護を主張できる。このようなものだけが本物の発明として位置づけられるものであろう。

科学と技術の基本的差異は、発見と発明が一般に全く異なる成果であるという事実にある。法律は特許を発明に対して与えるが、発見に対しては与えない。科学は、自然のより深い理解を提供するさらなる観察へと発展するがため、新旧の観察に依拠している。技術もまた新旧の観測結果に依拠しているが、異なった目的、即ち、より価値の低い材料からより価値あるものを生産する技術を進歩させるという目的がある。価値――事物の相対的な実用価値だが――が技術的成果のまさに中核に据えられている。この事実についての私の説明を簡単にするため、しばらく工業製品の製造技術に話を限定しよう。しかし、結果はわずかの修正で直ちに武器製造、道路建設、その他のいかなる公共機関の公益事業のための技術にも適用できるであろう。

工場は生産の場であるというとき、工場が使用資源に比べより価値のある財を産出することを意味している。同時に、普通このことは、これらの財の販売によって受け取る金額が使用資源に投資した総額を上回るということを意味している。言い換えると、生産工程は商業的収益性がある場合にのみ通常、技術の一部となる。この概念は、良い道路を建設するとか共同のニーズを手ごろな費用で賄うことにより得られるような非商業的収益性を含めれば、あらゆる技術に拡大できる。

経済学者は、どのような特殊な生産の場においても、そこで使用されている諸資源の組み合わせをその「生産関数」と呼ぶ。この観点からすれば、現行の技術は異なる生産の場における類似の工程に、大なり小なり一般的に適用される生産関数の集合体である。発明は現行の生産関数の独創的かつ効果的な改良と見なされる。ただし、それが全く新しい財、少なくとも古い財の改良品、の製造に通じるものであるという条件付きで。この公式化は、技術における成果は常に経済的基準を必要とするものであることを明確に示している。それは商業的収益性のあるものである必要はないが、常に経済的でなければならない。経済的に考慮しないで採用を要求するような技術は無意味である。実際、いかなる発明も、用いられた手段とそれによる最終製品の価値の根本的変化によって、全く無価値になってしまう。あらゆる燃料の値段が百倍にはね上がれば、すべての蒸気機関、ガスタービン、自動車、飛行機が粗大ゴミとなってしまうだろう。厳密に言えば、技術プロセスは、したがって特定の時期、特定の時代に支配的な価値評価体系の範囲内でのみ有効である。故に、その経営の柔軟性によって適用範囲を拡げることができるのみである。しかし、例えば賃金と工業製品の値段の比が全く異なる未開国へ、イギリスやアメリカのような国の先端技術を移転した場合には、価値の生産ではなくむしろ破壊という結果になる危険性がある――少なくとも、その国の条件により適合した工業生産方式によって得られるであろう潜在的利益が失われるという意味で破壊となるのである。

対照して見ると、科学のいかなる分野も事物の現在の相対価値の変化によってその妥当性を失うことはありえない。ダイヤモンドが今日の食塩のように安くなり、食塩がダイヤモンドのように貴重となったとすれば、そのことはそれらの研究に付随する興味に影響を与えるだろうが、ダイヤモンドや食塩の物理学と化学のいかなる部分も無価値にすることはないだろう。科学の成果は、技術者にとっては大体において無関係な目標であるわれわれの自然理解の深化に主として対応する科学的価値基準によって査定される。

それゆえ、技術を実験によって補われる自然についての知識に基づいた工業経営の一部分と見なしてよいであろう。従って技術は、工業生産の目的にふさわしくその状況に精通している人間によってのみ詳しく知られ、あるいは効果的に改良され得るのである。企業研究者は潜在的資源の価値や潜在的緊急の必要性を他の資源や需要と比較して評価できなければならない。企業研究所の所長は競合するプロジェクトから一つを決定する際、これらの価値関係すべてを心に留めておかなければならないだろう。最終的には、彼はこの点に関して経営者の経営方針に従わざるを得ないだろうし、またもし彼が公共企業団体に関わっている場合にはその事業責任者の命令に従わなければならないだろう。私が技術を「産業の科学（industrial science）」と呼ぶ意味がここにある。このことは、技術の本当のありかは、科学的統一見解の共有によって管理されているアカデミックな研究にではなく、経済関係の世界的規模のネットワークや公共サービスの特定の需要によってコントロールされている工業生産の場の中や周辺にあるということを意味している。孤立した発明家というものが企業の外側に、一部は大学に存在していることはよく知られている。彼らの役割は重要であるかもしれない。しかし彼らはみな自分のアイディア——すでに存在しているものであれ、まだ確立されていないものであれ——を企業で実現する機会を探さなければならない。

科学と技術のはっきりした区別は、場合によってそれぞれが相手の仕事を引き受けることができるとしても、そのことに影響されるものではない。科学的発見は、時には技術的問題の解決に直接貢献することがあるだろう。一方、純粋に技術的目的のために行なわれた実験が科学にとってかなり面白いものとなる結果を与えることもあるかもしれない。ところが、このような事例では、一方では「偶然的」な結果が他方では「本質的」なものになるということを明らかに示しているから、二つの領域への区分に一層の正確さを加えることになるだけなのである。両方に対して偶然的結果だけしか与えないような合理的研究はあり得ない。しかしながら、科学と技術の共生は密接かもしれないが、それぞれは、固有の重要な興味が導きとして役立たねばならない別々の有機体を形成しているのである。

科学と技術を区別する原理は、この二つの領域の間に横たわっている重要な知識分野の存在とその特殊な性格をも説明することができる。

私は技術が、科学同様、実験によって補足された自然に関する事実に基づいていると述べた。しかし、この知識の殆どは科学的でない。ごく最近まで産業の主要部分たとえば紡績、織布と染色、ビールの醸造、あるいは、鉱石の精練、を形成してきた昔の技術は、用いられている製造工程の科学的理解が全く欠けていて、純粋な経験技術と普通呼ばれているものに基づいていた。工業的研究、なかでも著名な研究組織の研究の多くはこの数十年間、昔の産業に使用された技術プロセスの科学的基礎を見つけることに向けられて来た。このような科学的解析はこれら伝統的技術《クラフツ》の合理的進歩を助けた。セーレンソン（Sörenson）やリンダーシュトルム・ラング（Linderstörm-Lang）のもとで科学への多くの貢献をした偉大なカールスベルグ（Carlsberg）研究所は、設立の時に寄付をした数多くのビール会社から、ずっと財政援助を受けた。ビール醸造法の科学的解析に専念することによって、この研究所は世界中に輸出されるにふさわしい有名なカールスベルグビールを世に送り、それによって研究所の基金を大いに増大させたのである。のような研究は一般にはたいした科学的興味から行なわれるのではない。技術研究所の所長が研究所の実際的有用性を失うような研究まで遂行させることは期待できないであろう。この「解析的テクノロジー」(analytical technology）の関心は、結局、問題の産業が操業している範囲内の経済的枠組みに依拠している。技術は工業の周辺にこそ、その住みかを見つけ出すべきものであり、工業的興味がその重要な関心事でなければならないのである。

ところが、もともとは経験的に基礎づけられたのかもしれないが、二、三のよく知られた物理法則にもっぱら基づいて今では大きな発展をなしとげた他の工業がある。これらは普通、「エンジニアリング」と称される。それはエンジンの製造、発電と送電、電気器具製造、船舶や飛行機の建造、そして道路や橋の建設といった生産工程である。このような仕事は精巧な数学的手法を使う理論的研究に大きな活動の場を提供している。航空力学、流体力学、そして弾性理論の大半はエンジニアリングの理論的拡張とみなしてもよいであろう。それらは、力学系や電気系の数学的評価を与える点で精密科学の持っているものに類似した知的美しさをもっている。それにもかかわらず、これらと科学の間には重大な相違点がある。例として航空力学と理論天文学を比較してみたらよいだろう。航空力学の問題はたいてい人為的なものであるが、天文学の問題は人間の手が及ばない自然の運行に関係している。従って、エンジニアリングは理論的分野であっても自然の理解には殆ど貢献することはできないのであり、その研究の魅力は主としてエンジニアリングの諸問題の関連に由来している。

通常、応用数学と呼ばれるすべてのすぐれた科学は従って、すべて「理論的テクノロジー」あるいは「理論的エンジニアリング（theoretical engineearing）」の名によって正確に表現され得るであろう。それらの目標は理論的なものであるから、これらの科学は、その知的美しさの真価を完全に理解できるコミュニティの中で、アカデミックな土壌の上に育つことができるだろう。しかし、それらの実用的利用が絶えた時、その後も大きく成長し続けるかどうかは疑問である。もし造船が時代遅れになったとすれば、流体力学の殆どは世に忘れられてしまうだろう。たとえエンジニアリングに関する高度に理論的な科学が、エンジニアが現場で取り組まなければならない日々の特定の問題に有効でなくても重要視され、また、たとえエンジニアリングのある特定の部分が衰退しても、その理論的有効性が低下することがないのも、関連する種々のエンジニアリング分野の絶えざる展開によってその興味が持続しているからである。この点でこれらは自然科学と異なっているだけでなく、興味の対象が完全に自らの内にある純粋数学とも違っている。

このことによって、われわれは純粋科学と技術の中間に位置する三番目の種類の科学研究の存在に気付くのである。私は、科学的発見の美しさと科学の価値のいかなる部分が、いかに要因――それぞれが他の欠点を補うだろう要因――の多数の組み合わせに依拠しているか、そして特に、生き物がもつわれわれにとっての魅力が、いかに生物学の厳密性が物理学と比べて劣っていることを補っているかについては、すでに述べた。ゆえに、われわれは、この第三の科学研究においては、特定の物質の技術的興味がそれらの研究の科学的価値に貢献し、正当と思われる以上にこのような研究の拡張を引き起こすだろうと、期待してもよいだろう。「金属の研究」がこのことの例としてこの講演の場にふさわしいと思われる。金属学会の会員によって追求されている興味の多くは、私が解析的テクノロジー（analytical technology）及び理論的エンジニアリングと呼んでいる分野に存在していると私は考えている。しかしこの三十年間に、金属物質の技術的興味には無頓着に、金属の物理学の著しい拡大があった。塑性流動、焼き入れ、疲労、焼きなまし、再結晶の謎の解明は最大の関心事であった。その成果は固体の理解を深めたために、物理学者の注意と理解を喚起した。しかし主要な反響は金属の製造と利用に関わる人々からのものであった。これらの研究の成果の多くはいつか金属の利用量が現在に比べて取るに足りない量まで減少する時には、わけなく忘れ去られるであろうと、本当のところ私は考えている。

羊毛、綿の研究や魚類の移動に関する研究などの興味の殆どは、金属研究と同様に、その対象の実用面にある。それらの研究はアカデミックな研究の構造をしており、活動の場を主に大学か工業大学に見出すべきである。その立場はこの点で理論的エンジニアリングと類似のものである。これらの研究は、その理論的関心が数学的美しさにあるのではなく、自然の理解そのものにあるという点において理論的エンジニアリングと相違しているだけである。対象の実用的興味によって研究の現在の広がりが決められているのであるから、この種類の研究を「技術によって正当化されている科学（technically justified science）」と呼ぶことができるだろう。同時に、この「技術によって正当化される科学」の大学での育成は関連する産業によって、——その関心のしるしとして——助成されるのがふさわしいと思われる。この考えは、同じ理由から、大学における理論的エンジニアリングの研究に対しても適用されるべきである。

いまや三種類の科学研究、すなわちテクノロジーの解析、エンジニアリングの理論的原理（theoretical principles of engineering）、そして技術によって正当化された自然科学（technically justified natural science）が科学と技術の主要部分の間に存在することがわかった。最初のものは、より親密に産業の場に結びついており、後の二つは、主としてアカデミックな土壌で育成されるべきものである。ところで、これらの中間領域以外に科学と技術が実際に重複するいくつかの分野がある。最も頻繁に議論される事例は医学である。ただし、外科学はその進歩はただ偶然に自然の理解に貢献するだけであるから、ここでは除外されるべきであろう。重複の古典的な例は薬理学である。薬品の効果を生み出すための処方せんは実用的目的のためのものであるが、薬物効果の観察結果はまさに自然の真理である。ある点まで医療行為を科学的観察（scientific observation）と同じものとみなせることは疑いない。ただし、部分的共通性（overlaping）があったとしても、そのことでこれら二つのものの二元性（duality）を消し去ることはできない。新しい医薬品は特定の患者の治療を目的としない人々によって開発される。それに対して、患者を治療するために呼ばれた医者は、医薬品の未知の効果を発見しようとする欲望によって本来、左右されるべきではない。しかし、薬理学者にはわからない患者の様々な症状に対する処置をしなければならないだろう。また一方、医薬が事実上、実用には適さない程にあまりにも希有で不安定なあるいは高価なものである場合、たとえそのために患者の治療のために薬品として使用しないとしても、その薬品の科学的重要性が損なわれることは殆どないだろう。

私は以前にも言及したが、十九世紀末以来顕著となった産業における科学に従事する職員（scientific personnel）の必要性の増大によって——多分初めにドイツで——大学で科学を専攻する学生の数が増加し、同時に技術教育に組み合わせて科学的訓練をも提供する独立した工業大学が創始されることとなった。しかしながら、効果的な実践教育は大学の中に実際に設けられている実践部門（skillful practice）においてのみ可能である。大学の教育病院における医者の教育がこの例である。しかし、産業のあらゆる部門をカバーする教育のための工場

(teaching factories)をひとつの大学の中に取り入れることは可能ではないのである。そうなると、大学は理論的エンジニアリングや技術によって正当化された科学の諸分野(technically branches of science)で優れた教育を与えることができるが、技術の主要な部分に関しては、科学的に解析された工業技術プロセス(technical process)の教育に専念しなければならなくなるだろう。そして、現代の生きた技術の実質内容(substance)を形づくる広汎な熟練技能(skillful practice)——即ち、実際の「ノウハウ」——には、むしろ色あせた、時として時代遅れの記述を与えることに甘んじなければならなくもなるだろう。このようにして、アカデミックな科学と産業の科学の間の本質的差異が、アカデミックな土壌での技術教育の困難さを知ることによって、再び明らかになるのである。

この国(イギリス)では国家が大学への資金供給を引き受けてきたという、そして今日では軍事防衛と物質的繁栄を最優先課題と考えようとするようになったという事実によってしても、科学と技術の間の本質的差異から生じる論理的必然性を変化させることはできない。この論理に反対する社会の風潮を私は尊重できる。だが、主唱者の一部が、個人的好みを満足させるために大学を紳士気どりで私物化していると非難することによって、アカデミックな科学者に対する技術者の敵意を呼びおこそうとするならば、話は別である。

技術の対象は人間の文化の主要部だと分類する私の分析が認められるならば、このような敵意は何ら根拠のないことが明らかになろう。なぜなら、われわれの文化の主要部は大学の外にあるのだから。この意味では技術の立場は文学部（Faculties of Arts）での人文学の研究に似通っている。人文学は言語、文学、法律、歴史、経済的社会的生活といった、工業製品のように人間の手によって造られたものを取り扱うからである。したがって、人文学の大学での育成は技術の育成と同様に、自然科学と比べて不利な立場にある。

自然は既製品として人間に与えられている。即ち、われわれはそれを説明しようと試みるかもしれないが、改良することはできない。しかしながら、言語、文学、歴史、政治、法律、そして宗教、更に経済と社会生活は終始進展しており、それらは詩人、劇作家、小説家、政治家、伝道者、ジャーナリスト、そして他のすべての種類の学者ではない著作家たちによって、発展させられる。文化の変化の主たる先導者はどちらかといえばこれらの人々であり、人文学の教授団ではない。大学の外側で作られた言語、文学、歴史、法律、宗教等々を研究することによって、教授団は主として二次的に文化の発展に寄与しているのである。したがって、アカデミックな科学は、技術に対して優位に立っているだけ人文学より有利な立場にある。

われわれがチャールズ・スノウ卿と共に今では有名となった『二つの文化』の間のギャップ

について嘆く時、われわれはこのことを思い出すべきである。学校や大学がこのギャップについて出来ることは殆どない。なぜなら、われわれの文化遺産を世代から世代へと作り直していくことは、科学それ自身においては別であるが、主として学校や大学の外側にあるからである。

科学のアカデミックな研究は、人文学《アート》のそれより、もうひとつ有利なことがある。個々の円熟した研究者によってなされる個々の業績の自己調整（**self coordination**）によりいかに科学が発展させられるかについて既に述べた。更にまた、科学のきわめて体系的な性格のおかげで、様々な時点で現れる諸問題がいかに全体としての科学の体系的成長を刺激するかについて述べてきた。勿論、全く新しい領域を切り拓く発見もあるだろうが、他の多くの発見はまずは特定の専門家にとってのみ興味のあるものだろう。しかし結局のところ、公にするに価するとみなされてきたすべての（発見の）断片的な追加が、自然に関する新しい体系的学問（**new systematic understanding of nature**）を構築することを、認められるだろう。教科書もしくは少なくとも多くの科学のハンドブックは、それら（断片的な追加）をすべて一緒にして、科学の主要な原理を表わす新しい観点で首尾一貫したパターンに適合させるだろう。人文学においては、断片的研究がそのように容易に重要な発展へつながることはない。事実、大学だけが供給し得る類の詳細で細心な文学や歴史の実証的研究が、われわれの文学観や歴史観に重要な変化をもたらすことは殆どない。時には新しい知識の断片、ミケーネB線文字の解読のように過去の優れた文化期に新しい光明を投げ掛けることもあるだろうが、普通は人文学における主要な発展は単独の偉大な学者の不朽の研究によって達成されるものである。細部についての詳細な研究は学位論文には適当であるが、その著者にも読者にも広い視野を形成しようなどという気を失わせてしまう。そのような研究から広い視野をあたえることのできる学者は滅多にいない。アカデミックな学識の至上の美徳は、このようにして人文学における平均的な研究者に自分の研究課題の文化的重要性の基礎にある大問題を全く忘れさせてしまうことかもしれない。自然科学のアカデミックな研究はこのような落し穴からまぬがれている。

科学と技術の深遠な差異は、片や自然の研究、片や人間活動と人間活動の所産に関する研究との間の差異の一例に過ぎないと結論づけられよう。大学は精神文化においても物質文化においても、自然科学においてそうであるようには、進歩の重要な源とはなり得ない。

この分業は必然的であるが、この論理的必然性を冷静に認識することが必要である。それが、これらの基礎が認識されてもなお残っている無数の困難な問題に取り組むための、堅実な基礎になるべきである。

科学と人間

ケプラーは、コペルニクスに基づいて、三法則を二回に分けて発見した。一六〇九年に幾何学的な第一、第二法則を、一〇年後の一六一九年に数値的な第三法則に到達した。研究の完成をケプラーは恍惚として宣言した。二十三年前に「宇宙の調和（Harmonice Mundi）」と題して研究を始めたことを想起しながら、いまやこれらの法則、すなわち世界の調和を明らかにした、と声高らかに述べたのだった。コペルニクス説のこの進展は詩人でもあったジョン・ドンネ司祭を絶望に追いやった。司祭は、ケプラーの最後の勝利の少し前の一六一二年に、この新しい世界観は「すべてをバラバラにしてしまった。すべての調和は消滅してしまった……」と自棄的に語っていたのである。

どちらが正しかったかと云えば、このあとの一世紀はケプラーが正しくジョン・ドンネは正しくなかった、というべきだろう。新しい世界観はコペルニクス説の勝利を拡大させ続けたし、ガリレオは実験的研究の効果を見出し、最初の成果として力学法則を確立して新分野を拓いた。そしてニュートンが、そのいうように、これら巨人の肩に乗って、地球などもすべて重い物体と同列に数学的力学法則に従属させることによって、天を破壊してしまった。

このようにケプラーをして恍惚たらしめた調和は、ケプラーの眺望をはるかに超えて拡大して行った。そして、この新しい真実に直面して、人間独自の責任の象徴としての人間中心の立場の喪失を嘆いたジョン・ドンネの愚痴は空しいものとなった。

だがこの間にもう一つの大きな科学思潮が生まれた。それは二十世紀にいたるや、世界の調和を顕示するものだとケプラーが熱烈に支持したことを拒否し、「すべてはバラバラになった。調和のすべては消滅した」というジョン・ドンネの絶望的見地の正しさを確認するものであった。

この新しい流れは、微粒子説の支持者達がデモクリトスの原子説を復活させた時から始まった。原子説は、われわれが見ているすべてのものは見かけのものであり、その基礎にある原子のみが実在なのだと説く。新しい見解は、デモクリトスの原子を力学に従う物質粒子に変えた。そして、このアイデアは科学の視野が拡大するにつれて、不可避的に原子論的世界観を導いた。この新しい世界観は、一八一四年のラプラスの有名なステートメントに極めて明快に述べられたのが最初である。ある時点における「自然に生気を与えるすべての力と自然を構成している存在のそれぞれの位置を知った叡智は、宇宙における最大の物体の運動も最小の原子の運動もすべて同一の式に包括してしまうはずだ。叡智には不確かなものは存在せず、過去も未来も判るはずだ(1)」と彼は書いている。つまり、原子の相互作用を支配する数学的法則を知ってさえいれば、あとは対象の原子構造が判れば対象のすべてが判る、というのである。

こういった数学的法則を今日われわれは所有している。量子力学の法則がそれである。高エネルギーの問題は勿論厄介だが、この地球上でわれわれが出逢う現象は全て通常の量子力学で間に合う。量子力学は物理学の法則と呼べるし、あるいは物理学と化学の法則ということもできる。

われわれの経験するもののすべては終局的に物理と化学によって説明できるというラプラスの見解は、今日、科学において、否、科学を超えて広まっている。それが宇宙の現代の科学観なのである。私は、この宇宙観を誤りだと考えている。

その有害な影響がヨーロッパの広大な地域の文化や市民生活を破壊し、二十世紀の革命にかされていない国々の隅々に混乱を拡大したのだと、私は信じている。この講演では、この大きな対象を三つの部分に分けて論じたい。

第一に、現代の科学的世界観を反証する事実を指摘する。

第二に、この誤てる世界観が今世紀いかに現代世界に損害を与えたかを示す。

第三に、修正した世界観の若干の特徴を略述し、それがどれほど現代人の健在な判断回復に役立つかを示唆する。

反論された科学観

生物は物理学と化学によって表示できないことを示すことによって現代の科学観が誤っていることを証明できる。生物は機械に似た機能を示す器官を持っているという単純な事実についてこの証明ができる。過去何世紀も、そして今日でも、生態器官が機械として働くという事実は、生命の物理学的化学的説明——正しくないのだが——の証拠として引用されてきた。しかし私は、物理学と化学の法則によって表示できる機械はない、と信じている。従って、いくつかの生体機能が機械として表示できるという事実は、常に結論の反証である、と信ずる。つまり、生命は物理学と化学の領域を超越していることを証明しているのである。

私の経験からの簡単な例でこのことを示そう。以前、イングランドへアメリカから戻る途中、何やら道具らしいものを何となく持っているのに気がついた。多くの人に見せたのだが誰にも何の道具か判らなかった。もう一度アメリカに行ってそれがビールの缶に同時に二つ穴を開ける道具だということを教わった。

この道具がそんな道具だということを明らかにする物理的化学的検査はあり得ない。ビールの缶をあけるという概念は物理学や化学に存在ないからである。もし形が物質固有の力によるものであったら、物理学者と化学者は奇妙な対象の形を同定できたはずだ。しかし、実用目的のために人工的に造られた材料のいかなる形も物理学と化学によって説明することは出来ない。このことは、生物の部分として機能しているすべてのメカニズムに同様に成立する。これらは物理学や化学の原理によって表示できないのである。

この見解を私はこの十五年間いろいろな機会に発表してきたが効果はなかった。だが幸い、一つの大発見が私の救助にやってきた。それは、生命は物理学と化学によって完全に説明できることを決定的に証明していると思われる発見である、これこそ、その反対を証明しているものであることによって私を支持するものだからである。私は、ワトソンとクリックの発見のことを言っているのである。それは子孫に伝達される遺伝的特徴は鎖状に配列している四種類の塩基の配置によって規定されていることを示したものである。ワトソンとクリックは、このDNA鎖が膨大な情報量を運ぶことを確認した。ヒトの場合、DNAの情報量は百二十億の升目を持つ二重コード（○×チェーン、子供のゲームw×wのような）と同じと計算されている。だが、これには一つの条件がついている。情報理論において若干の手ごたえを得ているものだが、以前にも用いた例で説明しよう。

何年か前、マンチェスターからウェールズに旅行した時、ウェールズ国境のとある駅で、駅長宿舎の庭に「ブリティッシュ鉄道でウェールズにようこそ」と読める小石のひと並びを見つけた。この小石群の情報内容は、明らかに小石の配列が物理的化学的相互作用によるものでないことを示していた。見なれぬ形に造られている目的の発見によって、その形が物理的化学的な固有の力の結果でないことが分かった前述の話と全く同じことである。そしてこのことが、事実ワトソンとクイリックがDNA鎖の長さに対応する広汎な情報内容を鎖に結び付けるさいに、鎖にふした条件そのものを事実上表している。この条件は、鎖における升目の配列はその化学的相互作用によって決定されていないことを意味しているからだ。

事態をもっと精密に見れば、列の特定の決まった配置を造る相互作用はどれも列の情報内容を減少させるだけのものでしかない。従って、鎖の全構造が升目の化学的相互作用によって完全に決定されているとしたら、この鎖はいかなる情報内容も持ち得ないはずだ。化合物の原子配置はほとんど原子間引力によって決まっている。従って、化合物は複雑であっても情報内容を持たない。結晶もまた何ら評価すべき情報内容を持たない。故に、ワトソンとクリックに賛成して、DNA鎖の升目の配置は情報伝達者として機能すると言うことは、この鎖が化合物として秩序ずけられていないこと、従ってまた、DNA鎖は本質的に物理学と化学によって説明できないものであるということなのである。さて、ワトソンとクリックによれば、子孫の肉体の複雑さ、現代用語で言えば形態構造（モルホロジー）の情報内容の複雑さ、は親ＤＮＡ鎖の情報内容によって与えられる。したがって、生物の構造はＤＮＡ鎖と全く同質のものである。すなわち、そのパターンは物理学や化学で知られている力の結果ではない。(2)

また仮に、ＤＮＡの生物学的重要パターンがその非常に大きな化学親和力を持っていると言う事実によって自発的に形成されるものとしてみよう。そうすれば、すべての生物のモルホロジーは化学の法則であらかじめ決定され、原子物理学の法則で決定されるものを超えたものだということを意味してしまう。これは、私が他の根拠から必要と考えたもので、物理学へのある種の付加的原理となろう。

道徳の覚醒から倒錯へ

主流となっている科学的世界観へのこの反ばくは宇宙の広大な領域を再考察する根拠を与えてくれる。われわれには、いまや、人間に関係するほとんどのものが物理学と化学の説明の付かないところに在ることが明白である。昼間の太陽、夜の月と星は別として、荒漠たる地域、岩石や砂、川や海、風や雲、こういったものは物理学や化学で定義された対象である。星、月そして太陽は、その驚異的外見によって何世紀もの間、われわれを当惑させた。とはいえその程度は、われわれの同族たる動植物についてのわれわれの経験にくらべれば貧弱なものである。ましてや、親の結合から生まれた細胞として生命が始まり胚子（胎児）として発育し最後には十分な身長となるところまでわれわれに似ている高等動物は、人間の体の複雑さと機能のネットワークを同じように持ち、感覚や精神作用を忠実に反映し、そして最後には同じように病気となり死によって生命を畢る。人は実際のところ、すべての生物の共通経験を引き合いにしながら際限なく生命を持続して行くことができるのだろうが、それにもかかわらず人間の関心事、すなわち言語と社会の生活、果てしない思考の継続、驚異と災害の歴史、とくに宇宙に対峙する存在としての人間の理想や義務と云った関心事をも含めるためには全て再出発しなければならないだろう。そうすれば、われわれの生命に関係する大部分は無生物界の諸法則を超越する。宇宙における大部分の事物の存在は、現代の科学的世界観に欠落している原理に基づかねばならないのである。

いうまでもなく、ガリレイからラプラスにいたるまでに徐々に形成され以後優勢となった科学的世界観は科学ではない。しかし多くの科学者に受容され、科学の発達と相まって文化の隅々に拡大した。多くの科学者は原子論的世界観の指導の下に達成された輝かしき発見に注目しているし、すべての生命が物理学と化学によって終局的に説明できるという信念を後記することが過度の無秩序なスペキュレーションの氾濫を招くだろうと懸念している。実際のところ、これまでの生物学的発見は生物学用語で定式化された問題から出発していたしまた結局のところは生物学的文脈で表現されてきた。従って、私が必然的にそう在るべきだと証明したところで、生物学者には具体的な影響はない。しかし、生物学者は、その掲げている旗とスローガンを変更することになるはずだといって良かろう。そうすることを私は要求するのである。真実に対する義務としてでなく、間違った科学的世界観から導かれた教説が今日、文化を破壊し、世界の大きな部分を愚かな奴隷状態に投げ込み他国を根本的混乱で苦悩させていると信じているからなのである。

一六一二年のジョン・ドンネの警報「すべてはバラバラになった。すべての調和は消滅してしまった」を引用した時私はこれで二十世紀の不幸を示したつもりだった。ジョン・ドンネの時代においては、科学はまだその主たる原理の発展が始まったばかりだった。すべての権威の拒否を声高に主張してロイヤルソサエティが創立されたのはそれから五十年後のことである。ニュートンの天才がジョン・ロックの天才とともにイギリス経験主義を樹立するのはこの世紀の終りなのである。ケプラーからニュートンに至る十七世紀は宗教的抗争に明け暮れていたから、イギリス経験主義がフランスに移り科学理念に立脚した新しい合理主義的文化が確立するのは十八世紀になってからだ。

それまで何人もなし得なかった企て――科学に立脚した理性によって生きる――をわれわれ西欧人が開始したのはこの時であった。われわれは科学から園最も好奇な特質を引き継いだ。そして科学者は、仲間のいかなる主張にも理性と経験に訴えることによって自由に挑戦する。そして彼等の個々の発見が支えあって無限に発展する。これこそボルテールとディドロが、そしてコンドルセが、人間百般に投影した科学のビジョンなのだ。それは、個人の幸福の自由な追求こそがすべての人々の一致した幸福を保証することを約束していた。喜びは、道徳、正義ならびに自由の科学的尺度でなければならなかった。この教説は、イギリスではジェルミー・ベンサムの功利主義として知られているが、最初の開花はフランスにおいてであり其処からヨーロッパ中に広がったのである。

理性、自由、幸福に対するこの熱情はフランス革命、特にジャコバン党の恐怖政治家に行き渡ることになったものだった。ロベスピエールは、寛大さというやさしい感情と人間の崇高な愛の真の目的を論じている。彼は、科学から生まれた新しい哲学によって解放された人間の無垢な性質は素晴らしいものだという当時の信念に自らを委ねたのだった。

フランス革命にはあの悲惨さ、戦争そして政治的反跳が続いたが、啓蒙運動から発した理念の流れは昂まり拡大して行った。そしてわれわれに現代の世俗的知的生活を齎した。社会と個人の自決権によって進歩の権利は確立され展望は拡大した。

これこそ科学に鼓吹された最初の時代の成果であった。

次の偉大な時代、十九世紀はこれらの成果を評価した。社会は自ら決定すべきものだという新しい主張が幅広い政治的生活を開放した。そしてこれが、社会的意識と社会主義理念に一部呼応した社会不安に刺激されて、リベラルな改革の完全な基盤を産み出した。これらの動きは人間同士の同情の基準を過去のそれより持ち上げてしまった。以前は教会が救済のため人々を道徳的規律に服従させたのだったが、科学に喚起された自然の徳と幸福のビジョンが自由と慈悲深いやり方に新た圧迫を広げた。恒常化していた悲惨・残酷さを除去しながら改革の嵐が西欧くまなく制度・習慣を人間向きに変えた。

同時に、個人自決の理念がロマン主義運動を産み出し、その中に現代の個人、すなわち自らが主権者たる独立個人、の理念を産み出した。これこそアテネのペリクレス時代以来大胆さにおいて比類なき芸術復興を前世紀にスタートさせたのだった。

十八世紀の達成は知的なものであったが、十九世紀の進歩は道徳的かつ精神的なものであった。これが現代西欧文明を創り出した。かつて存在したどれよりも、すべての悪を含めて、より自由でヒューマンな社会であった。

かかる偉大さからわれわれの時代の不幸への顚落は、潜在していた内部矛盾の激化によるものであった。科学的啓蒙運動は道徳的進歩への限り無き情熱を解き放ったが、道徳原理の当の基盤を削り取ることもしたのだった。前世紀の中ごろ、それまで道徳的進歩の導きであった科学が実際にはすべての道徳的主張は幻想であることを証明しているのだという見解が広がり始めた。この変化は多分、十九世紀はじめにラプラースが述べたような考えによる科学観の先鋭化によるのだろう。というのは、物理法則に従う原子から成っている人間にすべてが実在しているのならば、道徳的価値は主観的感情たりうるに過ぎないからだ。

この先鋭化した科学観の影響は当初ヨーロッパ大陸に限定されておりしかも主流ではなかった。自由、正義そして社会悪への義憤をアッピールした自由主義理念はまだ力強く第一次大戦まで社会を進歩させ続けた。二十世紀になってやっと新しい先鋭な科学主義がヨーロッパの大半を征服し、西欧の隅々まで深刻な影響を持つようになった。

われわれの時代に決定的なものとなったロシアの歴史はこのストーリを示している。若い貴族達がフランス革命の影響を受け一八二五年立憲政体支持の暴動を組織したが敗北し処刑された。四十年後その自由思想は若い人々によって拒否されてしまった。若い人々が好んだドイツの作家達によって広められた人間機械観が、科学の名においてすべての道徳的価値は幻想であることを彼等に納得させてしまっていたからだ。

このことをツルゲネーフは『父と子』(一八六二年出版）に描いている。彼は、この小説の主人公の大学生バザロフを「ニヒリスト」と呼んで「ニヒリストとは権威に頭を下げない人間だ……。破棄すべきでない制度はわれわれの社会にはひとつもない」と言わせている。ロシアの知識人達はバザロフを自分たちの理想像として受け入れた。そしてその理想主義は全面的破壊への無私の献身となって具体化してったのだった。極端な懐疑主義への限り無き理想主義のこの具体化は若きレーニンに至るすべてのロシア革命運動を形づくった。折しもカール・マルクスはこの種の氷のごとき冷たい理想主義に精緻な理論を付け加えた。マルクスによって社会主義は空想より科学に転化したといわれている。このことは共産主義革命の理想を実際的には全く無慈悲な暴力へ転化させることを意味した。人類の高き希望はレーニンの専制政治に、引き続いてスターリンの殺人的狂気へと変貌して、今日、人類の三分の一（ヨーロッパの半分）が空虚なスローガンの権威によって奴隷にされてしまっている。

ヒットラーのそれを含めて、現代の革命運動のすべてに理想主義的追随者がいた。彼等なしでは革命は成功しなかった。追随者の理想主義は氷のごとく冷たい暴力に具体化されてしまった。彼等の現代科学主義懐疑主義が自由主義と人道主義の理想を愚者だけが信用するペテンと軽蔑することを教えたからである。

第二次大戦終決後二十五年の今日、ヨーロッパの大部分がそれから立ち直ろうと試みている荒廃こそファシストの反革命がこうしてもたらしたものだった。

社会の自決が無慈悲な暴力に転化したように、個人の自決はすべての伝統的道徳性への憎悪に変化した。この教説は、最初ニーチェが一世紀程前に主張し以来ヨーロッパ全体に広がった。ニーチェは、科学観の中に道徳的価値の占めるべき場所がない事実に直面して、すべての確立された価値の大胆な拒否こそがわれわれの崇高な価値だと主張した。「真実、すなわち最高の道徳はすべての道徳を征服する」とニーチェは述べている。善悪を超えたレベルで人は超自然的存在、超人となる。

いかなる受容された道徳をも偽善のかどで告発しうる。第一に社会はその理想に従って行動しないし、第二に慣習的道徳性は拠り所とすべき個人の信念（の罪の自覚）を欠いているからである。拠り所とすべき道徳性を持とうとするならば「自分自身の善悪によって自らを律すべきだ」とニーチェはいう。だがこれは単なる偽善としてすべての確立された道徳性からの憎悪を募らせるのみだし、道徳に平気で背くことによってそのような普遍的偽善の軽蔑を表明する決意の宣言となるのみだ。大陸の文学は悪は善より正直だという理念を取り上げた。悪には偽善の嫌疑がかけられないからだ。無益の殺人に組みすることは独立欠如の不安の解消なのだ。かかる「無償の行為」は、最初にドストエフスキーがそのラスコルニコフに表現して以来ニーチェの「ツアラツーストラ」に、ジイドの「法王庁の抜け穴」にと度々繰返された。意味なき殺人はまたアンドレ・ブルトンによってシュールリアリズムとして約五〇年前に宣言された。偉大なモラリストとしてのサド侯爵[a]の現代の賛美、これに筋金入りの罪人ジャン・ジュネ[b]の聖人としての認知が論理的に続いた。これらの奇怪なものは、知的不正かつ偽善の社会への卑屈な服従から魂の信頼性を救うための最後の避難所として考えられたものだった。

以上がわれわれの歴史である。即ち、われわれと同じ偉大さの歴史であり、われわれの特別な知的放縦さの歴史であり、そしてとどの詰まりは前例なき不幸の歴史である。啓蒙運動の科学的自由主義は道徳的目標を無制限なものにしたのだったが、一、二世紀も経つと科学観の鋭利な刃が道徳原理と自由理念を破壊した。そして暴力が唯一合理的かつ正直な政治的行為と考えられた。これは、フランス革命のように道徳的理想のために暴力を使用することではなく、道徳的理想を獣的力に転化することだった。この構造は、歴史に前例の無いものだった。名をつけるなら「道徳的倒錯」としたい。

平行線に在るニーチェ的思考は、すべての道徳を軽蔑することによって明示される確実性を良しとして、受容されたすべての道徳を非難する根拠となった。これは道徳的倒錯の個人主義者のやり方だった。

社会的な道徳的倒錯は個人的なそれとは全く違うように思われる。ひとつは全体主義支配の圧制に、もう一方は放縦な個人主義に奉仕するからだ。すべての受容された道徳的理想に対する激しい敵意が、この両者を合体させた。かくてドイツニーチェ学派はヒットラーを歓迎し、ニーチェのフランスの追随者達はスターリンを支持した。

もしこれが病気の診断なら、われわれはどこで治療を受けるべきか。十八世紀の科学の最初の勃興が十九世紀に自由と人間改革を鼓吹したのだったら、そしてわれわれが今や自由と道徳の基礎を破壊した科学の先鋭な哲学に苦しめられているとするならば、以前の破壊的でない科学観を何故回復しようと試みないのか？　だがしかし、人間の理想の実在性を再認する科学と両立する世界観を見出すことができるだろうか？　私はできると思っており、そのような世界観の若干の側面をスケッチすることでこの講演を締めくくりたい。

新しい認識論

われわれの知識の大部分はわれわれの視覚に依存している。ひとつの対象が判るということは、眼前の事物の存在を、互いに連関して意味しているものとして多数の手がかりを解釈することである。普通、見つめているものが何であるかをわれわれは瞬時に理解するが、立体写真の一対をどう用いるかを観察することで、認識が三段階から成っていることを再認できる。写真の一枚ずつを見れば少しずつ違っていることに気がつく。一緒に立体鏡に入れ、両眼で見れば新しい三次元的奥行きのある場面が見える。これが二つの異なる写真が結合した意味なのである。

これを認識論に適用すると次のように言うことができる。われわれが立体像の二つの成分像を感知する全体従属的なやり方で、われわれの視線を導く手がかりをわれわれは感知しているのだと。手がかりは、その意味にほかならぬ感知された対象の光景に統合されるのである。

立体鏡から写真を取り出せば、このプロセスは逆転する。結合された視像は消滅し、再び単なる手がかりを見ることになる。

対象を見ている人は、依拠している手がかりがなんであるかを漠然とほんのわずかしか言うことが出来ない。立体鏡の二つの写真がわずかに違っていることは、統合されるべき対を為す手がかりであることを明瞭に示している。しかし、そうであっても、その差異を詳細に記述することは実際は不可能だろう。たとえ、できたとしても、今度は、全く異なっているものの一対を一つの調和した光景へどうやって融合させるかを言うことが出来ない、という事態に直面する。手がかりの統合も、統合プロセスも、ともに統合している当人にとって説明できないものなのだ。私は、これを〝統合的認識〟と呼ぶ。統合的認識は他の特徴も持っている。立体鏡の外部手がかりを、視的認識の内部手がかりを統合するのと同一のやり方で統合されるのをわれわれは見てきた。このことは一般的に成立する。われわれは、外部手がかりをあたかもわれわれ自身の刺激された感覚のように統合する。つまり、われわれが恰もそのなかに棲み込んでいるかのように、である。

例として、先に述べたビールの缶あけの道具だとあとになって分かった奇妙なものの話をもう一度考えよう。それがなんだか言い当てようとした人たちは、それの詳細をいい加減にしらべようとしたわけではなかった。奇妙な光景の意味を同定しようとするのにわれわれが感覚的手がかりを使用するように、彼等はその詳細をそれが何のためのものかを再認しようとして使用した。このことを機械の取扱いに拡張できる。機械がどう動くかを推量することは、機会が発明されたプロセスを簡単に説明することである。それは機械の可能性、すなわち機械を理解するために知らねば成らない機械の作動原理である。作動原理は、原始的構造（アトミック・トポグラフィ）では表現できない機械の本質的特徴である。

そして、機械の原理を知ることはその有効性を評価することに他ならぬということを付け加えておこう。この原理ならびに有効性に対するいかなる挑戦も機械の存在を否定することになるからである。

機械について述べたことはそのまま生体組織（オルガニズム）に成立すれ。現在の科学観は、すべての生体プロセスを単なる原子構造の結果として記述しうればオルガニズムの機能と目的を原理的に生理学から除くことができる、と絶えず主張してきた。私は言いたいことは、オルガニズムの機能のはたらきは生物の生理学であり、原始的構造的事実は無意味であって、機能の働きの手がかりとして役立てられることによってのみ生理学の一部と成る、ということである。生物学的手がかりをその意味へ統合するところは、厳密な前提から数学的結論を引き出すようなプロセスではない。それらの手がかりは、特化できない形、色、音、手触り、匂い、と言った生物学的同定に本質的なものを含んでおり、それらの統合はそれらが指向している生物の光景へとわれわれの光景を変化させる暗黙的操作なのである。

生体理解における手がかりはの統合は、生命のすべてのレベルにおけるわれわれの見方のなかの存在している。人間の存在は大きく四つのレベルに分けることができる。植物的、感覚運動的、および知的、操作的認識および思考と言語のレベルである。この上位三レベルは下位レベルを統御し、また他の三レベルの基礎を為す植物的生命レベルは無生物的自然法則を統御している。

このスケールを上昇するに従いわれわれの関与の度合いが増す。われわれに興味を起こさせる生体の無尽蔵の富みを宇宙の無味乾燥の部分と比較して考えてみよ。生体とわれわれの共通点は生体としてわれわれが包括するのに役立つが、われわれの関与の度合いは生体の重要な特殊性の豊穣さに基づいている。進化につれての生命の複雑性の増加は、アメーバからヒトに至る動物に対して動物学者の深まって浮く関与を説明してくれる。しかし、もっと著しいのは、われわれが、人間の関係に、文化に、と移行する時の増加であろう。

文化に階層はスピーチのレベルで明白である。スピーチの基礎は話す時に使っている異なった音である。言語学者は英語に四十八の基本的音を挙げている。音を語に結合するのが第二のレベルである。第三のレベルは語を文章へと結合するところである。最高位の第四は文章が思想伝達に結合されるレベルである。四十六音から成っている基礎を除き、すべてのレベルはそれぞれ下位レベルの要素を統御することによって成立している。だから、スピーチは全宇宙と同様に層状と成っているのである。

スピーチの各段階ごとに増加する複雑さは驚くべきものである。英語の語素数——四十六——から、ほぼ五十万の音のセット、すなわち単語を造る次のレベルへ上がる。そして、次のレベルで実際上無限の文章数に単語が結合される。そして全階層の頂点を為し、人間思考の可能な範囲を包括している会話の複雑な総体に到達する。

人間の文化は宇宙におけるもっとも複雑な意味のある本体であり、かくて、人間にとって、自ら文化の一端を所有していることが結局自らの全人格的関与となるのである。それは人間の概念的情緒的枠組みを決定ずける。偉大な人物の思考がどんなに独創的であり果断なものであろうともその精神を最初に形ちづくった枠組みに根ざしている。

教義と習慣から人間を解放することに熱中した十八世紀が、科学のせいにされた厳密に客観的な方法によって道徳原理を導くことにすっかり疲れ果ててしまった理由がこれなのだ。しかも、結果は、終局的に非人間的科学は道徳的理想に何らに基礎も提供するものでないことを示したのだった。道徳的価値のこの批判は、人間の道徳意識を弱めたかも知れないが、いかなる場合でもほとんど重要なものではなかった。われわれの時代の倫理課題は道徳的無関心から道徳性を守ることではない。道徳的情熱は満ち溢れているのだ。道徳的倒錯へ善意の情熱を注ぎ込ませる超道徳性から情熱を防衛することがわれわれの課題なのだ。今日、われわれにとって危険なものがこれなのだ。

厳密な客観性の理想による道徳性の誤用に対する私の解答は手近にある。先に、科学がわれわれに深い興味を与える対象を取扱うときは常にその対象はわれわれの関与に依拠していることを示した。認識と言う行為そのものが人間の関与を含んでいる。それは、われわれの調和のセンスによって暗黙的に遂行される多くの漠然たる手がかりの統合である。せ物を認識するさい、われわれはそのトポグラフィーを機能作動に統合する。これは、そのトポグラフィーからは導けない高次レベルの再認を形作っている機能評価を意味する。これは、人間の文化的生活へと連なる階層イメージを与える。植物的レベルから人間文化レベルへの上昇についてのわれわれの認識は、われわれ自身が自らの文化に浸っていることを発見して完結するところの増大しつつある関与にわれわれが組みしていることを、必然的に含んでいる。

関与による認識は、このように堅固に基礎付けられるから、認識が正当であるためには個人的判断に依拠することなく客観的に立証されねばならないという主張を一掃する。そして、これによって、道徳原理へわれわれがコミットすることで終局的にわれわれが知るそれら原理への信頼が回復する。

終りに

道徳的真実の正統な根源として伝統と個人的判断とをっ再構築することは、われわれが何故何らかの特別な道徳的価値を持つべきかは教えない。われわれの世紀は、全面的自己破壊にぴったりの理想のため喜んで戦争に突入する狂信的大衆によってずたずたにされている。三千年もの間文化の祖先が道徳的感受性によってわれわれを育成してきたものであるのに。これで、私は、道徳的理想へのわれわれの愛着をいかにして確保するかという疑問を除外することができる。そして、階層化されている宇宙のビジョンがこの時代の世界観による破壊から道徳的情熱をプロテクトすることを示すことに注目したい。

しかし、皆さんのうちのある方々は、われわれの時代のトラブルは科学的世界観によるのではなくその誤解によるものだと感じておられるかもしれない。ですから、ここに係わっているものが科学観のまさに本質のものであることを明らかにさせて頂きたいと思う。私が攻撃しているものは、世界の原子構造によって何でも説明するという理想よりももっと根深い科学の主張である。ラプラースが宇宙の物理理論を定式化するよりずっと以前から、科学は厳密な客観性の理想を受容しており、そして科学の結果は厳密に客観的であり非人格的なものであることを主張しておりました。ここで、私は、この主張が不合理なものであること、及びその追求が人間存在のまさに本質を曖昧にすることを示しました。階層化されている宇宙の諸事実は、科学者の人格的関与によってのみ科学的に知ることができるのであり、これのみが厳密な客観主義的な分析から道徳的価値を守る基盤を与えるのである。

多くの人々は、科学観の破壊力についての私のような説明を苛々して聞くであろうし、科学のこれらの破壊的影響は科学の悪用からだけ起こるという答えで一蹴するであろう。私は、この種の回避を拒否する。日常経験に宇宙の原子概念を厳密に適用する人間などいないことはいうまでもない。偉大な分子生物学者でありノーベル賞受賞者であるジャック・モノーがコレージュ・ド・フランスの就任演説(3)で、われわれはシェクスピアの仕事を原子攪拌の無秩序の産物と見なすことが出来よう、と主張したとき、彼はシェクスピアの作品に対する原子的解釈が得られるまでシェクスピアの評価を先送りしているわけではないのです。自分の家族を原子集合体としてみることができないからといって家族への愛情を拒否する科学者はいない。

しかし、さきに定義したように、科学観の問題のプログラムがここに存在している。変化するのは、科学の不条理が遂行される程度である。科学がすべての価値体系から基礎を奪ってしまったことを勝利宣言し、そして、人間の自己尊重の必然的破壊をニーチェの引用文付きで署名捺印する時点に、科学を移すのがモノーの場合だ。

いうまでもなく、かかるニヒリズムを信奉する多くの人々は単に説教するだけで満足している。われわれに時代の高き道徳的熱情は、それからその内容を奪うところの諸理論と共存しうる。しかし、その熱情が深い程、そして科学によって先鋭に押し退けられる程、この相容れぬ両者を統合する道徳的倒錯の範囲が拡がるに違いない。

人間の道徳的存在の基礎が再構築できるところの、より真実な世界観を今やわれわれは作り上げねばならないと私が力説する理由が以上である。これのみが、盲目的暴力か自己疑惑かの選択から現代人を救うことができるからである。

注

(1) Laplace (1886) Traite de Probabilite, Paris.

(2) より詳しい説明は次を見られたい。M. Polanyi, Chemistry and Engineering News **45** (1967) Aug. 21. 54-66. およびScience (1968), **160**, 1308-1312.

(3) Monot, J. (1969) From Biology to Ethics, The Salk Institute, Occasional Papers, San Diego. The Salk Institute for Biological Studies; pp. 19-20.（モノーのコレージュ・ド・フランスの就任演説の英訳）

訳注

(a) サド侯爵 Marquis de Sade（一七四〇～一八一四）Donatien Alphonse Francois de Sade.　フランスの作家。通称サド侯爵、倒錯的な小説『ジュスティーヌ』『悪徳の栄え』などからサディズムの名が起こった。

(b) ジャン・ジュネ Jean Jenet（一九一〇～一九八六）　フランスの作家。幼いころから身を委ねていた悪の世界を基に、醜悪を聖なるものに変える独特のスタイルを打ち出す。詩集『死刑囚』、戯曲『黒人たち』、小説『泥棒日記』など。

科学における天才

我々は科学の結果を信用している。それが真実であるという厳密な証明なしでも信用すべきものだとしている。厳密に云えば、すべての自然科学は厳密なものではないのであって結果が間違っていたということもあり得る。しかし一般に、科学の結果に疑問をもつことがあっても、疑問の方がおかしいのだろうと考えて、結果を正しいものとして信用しているのである。陪審員は、「当然な疑問」と「おかしな疑問」とを区別し、前者を受け入れ後者を無視することによって判断する。陪審員は裁判官からそうすることだけを求められているのである。極めて重大な事実についての疑問をとり上げるかどうかを決定するルールが存在しないからである。したがって、それらの疑問を陪審員は個人的判断によって決定するように任されている、といえばその通りなのである。

科学者は裁判官と陪審員の両方の役割を兼務している。科学者は、見出したものを多くの特定の基準に照合した上で、残った疑問を「理由なし」として捨てるかどうかを最終的には自分の判断で決定しなければならない。

すべての科学的発見が最終的には科学者個人の判断に基づいていることがひとたび認識されれば、問題を見ることに始まりそして追求して行く探究、つまり自然の新しい事実の発見の道筋に、ほかならぬ個人的判断の連続のすべてを統合することに発見の方途があると思われるのである。

天才の仕事の中の最高の行為をまず考察することで、科学的探究——問題の発端から解答の発見にいたる——を支配する原理の大きな特徴に触れることになる。

天才は、互いに矛盾すると思われる二つの才能について知られている。一つはインスピレーションの才能である。ホーマーいらい詩人達はミューズにインスピレーションを懇願したし、アルキメデスいらい科学者は突発的な着想の訪れに感謝している。同時に反対の種類の才能についての天才についての証拠が沢山ある。天才の才能は限りのない労苦に耐えうるところに在るといわれてきた。事実、すべての創造的追求はたゆまぬ奮闘努力を要するものなのである。

天才のこれら二つの側面がどんな具合に両立しているのか？　インスピレーションを誘い出すような厳しい仕事が存在するのだろうか？　インスピレーションがどんな隠れたところから出現するのかも知らずに手品のように出現させることがどうしてできるだろうか？　その上、インスピレーションは結局我々自身が生み出しているものなのに、その訪れがどうして我々を驚かせるのだろうか？

だが、我々の創造的仕事が実際にこうなのだ。科学的発見が全くこうなのだ。つまり、我々は発見をする、そして、それが我々を驚かせるのだ。創造性、とくに科学的発見、の理論の第一の課題はこのパラドックスを解決することでなければならない。インスピレーションを「無意識的統合（spontaneous integration）」そのものであるとし、無意識的統合を起こさせる努力がなんであるかを研究するならば、パラドックスの解答は生物学的レベルで見出すことができる。対象に触れようとして手を出すことを想像してみよう。つまり目的を果たすための筋肉の複雑な統合を意図が起こさせようとする。その意図はまだ存在していないものに向けられている。換言すれば、それはプロジェクトなのであり、想像力によって思い付かれたプロジェクトである。従って、想像上のプロジェクトを達成するための筋肉統合を誘発するものは想像力であると思われる。

　この統合は「無意識的」なものということができるだろうか？　私は、それを直接コントロールできないという意味で無意識的なものだと考える。目的の達成に要したすべての筋肉操作を生理学者が証明してみせたとしたら、プロジェクト達成に意図したものの驚くべきメカニズムに我々は驚嘆するに違いない。驚嘆すべきことを遂行したことに気がつくはずだ。

　このことは意図的な身体的行為のすべてを支配している原理をよく表している。想像力は、初期の目的に向けて、直接コントロールできない身体各部の統合を誘起する。統合は我々が実行するのではなく、ひとりでに起こるようにするのだ。実行の喚起は我々の想像力の努力である。

身体的行為に必要な結果を我々が喚起するやり方は、簡単に云えば、天才のパラドックスの解答を提供している。すなわち、突出した想像力のはたらきによってインスピレーションが喚起されるのである。そして、科学的発見に結びつく新しい着想を喚起するのはこの種の想像的努力であることを示唆しているのである。

以上の結論は急ぎ過ぎと思われるかも知れない。がしかし、随意的動作（自発的行為）から視覚による認識作用までを見ることによって、これらの結論は確認され拡張できるであろう。見ている対象がある決まったものであるということは、我々の直接コントロールを超えたところで起こっている統合によっている。我々は、対象とその周囲を、毎秒二、三回の速さのスナップショットを統合することによって、調和的に見る。統合によって、眼前の光景について重畳したイメージが与えられるのである。これらの継続したスナップショットが、デタラメでなく意味のある操作を成していることは、想像力が統合を導く仕事をしていることを示している。さらに、見ているものがなんであるかを認識するのに困難な場合には、想像力は他の可能性を探す。つまり、他の可能性を探して目を動かすのである。

科学の異なる分野はそれぞれ見方の異なる方法に基づいている。ある対象が結合して作動する部分からなっていれば、我々のビジョンは、各部分の光景を調和して作動している存在に統合する。これが、機械が動くことを知っているエンジニアが機械を動く全体としてみる見方である。このような統合がすべての生物学と心理学の基礎を成している。下等生物の視界、高等動物が特定のものを見る見方、人間の持つイメージ、これらすべての基礎はこのような統合である。これらの視的統合は無意識、自発的といってよいであろう。各部分は直接コントロールできないし、普通は直接的に注意することさえ出来ないからである。科学的発見のプロセスは一般に想像力の働きによって喚起されるこのような統合からなっているのである。

先見の力

発見の進展は三つの段階に分けられる。第一は、問題を見抜くこととその追求の決定である。第二は、解答の探究と結論の抽出である。第三は、確立された事実である結論の把握である。

我々の視覚が連続スナップショットを統合的に走査することで組織化する仕方及び困難な時に他の可能性を想像力がどうやって探すかについては前述した。視覚のこれらの努力は、眼前の奇妙なものは何か隠れた意味を持っているらしいという仮定に基づいている。自然界の奇妙な事物について思索している科学者は同様な仮定に立って研究している。知っている事実を科学者は解釈しようとする。そしてさらに多くの事実を集めようとする。集められたものが科学的に興味のある調和を示すだろうという希望を持ってそうするのである。これが問題を見、追求する行為である。

ここで一つ奇妙なことにぶつかる。ある問題を追求しようと決めた時、科学者はそれが良い問題であると仮定している。すなわち、自分の力と装置で解決することができ、しかも他の問題より遂行する価値があると仮定しているのである。科学者は問題を評価しなければならない。ところがこの評価は推測なのである。従って、この推測は、かなり確実に研究の進展を確保できて初めて正しかったと証明されるものなのである。

多年の努力が無駄に浪費されたとか、重要なチャンスを全て逃してしまったとかいうことは滅多にないものだ。実際、発見のチャンスは有効に利用されるから、同一の発見が独立の二人または三人の科学者によって成されることもしばしばある。従って、結果を導けそうな探究コースの輪郭の概略を評価する科学者の能力の存在に疑問はない。評価している時点では、得られるだろう結果は当然未確定なものなのだが。

この能力をどう説明できるだろうか？　科学的発見は本質において知覚の拡張であると、先に述べた。我々の目に、いろいろな距離からさまざまな角度でまた光の調子がかわるなかでのイメージが与えられても、それが一つの対象としてうまく結合して見えることを思い出せば良い。また、我々の目が実在するものを感知するのは、この調和によるものだということを。このことが科学に深く関わっている。コペルニクスは太陽系の発見をまさにこういった言い方で主張することによって近代科学の基礎を築いたのである。彼は、惑星の太陽からの距離と周転周期との間の平行関係が在ることを示し、そしてこの調和によって、太陽系は単なる計算の道具でなく実在であると主張した。

しかし、実在性を知るというこのような主張を我々の反形而上学的世代は疑問視する。対象が実在であることを主張することが意味するものを規定できるだろうか？　私は、できると思っている。

対象がリアルであると言うことは、それが将来その存在を無限に顕示するだろうということを先見することに他ならない。コペルニクスが、太陽中心系がリアルなりと主張することで意味したものがこれなのだ。コペルニクスは、太陽中心系の将来の顕示を先見したのだった。そして、その顕示はコペルニクスの主張を信用した後代の天文学者達によって発見されたのだった。

従って、自然界においては、一つの集合体に調和（coherence）そのものがそれを実在なりと示すということ、及びその実在性の認識がその実在性のまだ知れていない将来の顕示を予告するということを我々は結論できる。この実在性の概念は、科学的探究のあらゆる面に及んでいるものだ。それは、問題を見るところから解を見出すまでの発見の道は先見であることを説明する。

この理論を導いた前例をすこしく振り返ってみよう。科学的発見は曖昧な対象を知覚するための視覚を最大限働かせるのと同じやり方で為されるという、つまりこの努力においてもっとも実りの多いことが後で分かるに違いない方向をある程度先見することによって導かれるというアイデアに導かれて私が科学の本性についての仕事を始めたのは二十五年前（一九四七年）のことである。

「発見の可能性はそれを顕示したいと望む精神を魅惑する――創造したいという希望が科学者を燃え上がらせることによって、また手がかりから手がかりへ、推測に継ぐ推測へと導く暗示を与えることによって」[1]と私は述べた。

私は永年、この種の先見について述べてきた。[2]ある段階で私はジョン・ポリア[3]のアイデアに賛同した。最初から私は、ポリアの数学的発見の観察に依拠していた。後には、C・F・A・パントンの遺著（死後出版された）に、先見に関する輝かしい陳述のあることを発見した。次のように彼は述べている。

「(直観)は我々の意識している心に突如として解答を与えてくれるだけでなく、我々に何故か、ある限られた一連の現象や考えが非常に重要だということを知らせる神秘的な力を内包している。その重要性がなんであるかを言葉で表現できるよりずっと以前から我々に感知させるのである[(4)]」。

さてここで、かかる先見についての説明だけはできる。良い問題によって我々に与えられる先見は、自然界のすべての真の事実によって誘起される先見と全く同様に理解すべきものであることが分かる。すなわち、一連の調和した手がかりが自然界の隠れた実在性の感覚を我々に提示している時は、すでに実在なりと認識されている対象を見る時に我々が感じるのと類似の先見(予感)が我々に訪れているのである。よい問題に結びついている期待は、問題が解かれてしまって発見された事実に結びついている期待とは、そのダイナミックな強度において異なるに過ぎない。いうまでもなく、問題を取り上げるさい、実在性を暗示する感覚は明らかにある特別な方向を指し示している。さらに、この種の実在性に予感される結果は、確立された事実の実在性を主張する時に推定される見通しより、ずっと速く出現すると期待される。しかし、このような差異は単なる程度の問題だと私は考える。

我々に知られている科学の総体は、解の発見をもたらした良い問題のおかげで今日在るのだ。従って、科学者が良い問題を見つけ得ることは、問題を解きその解が正しいと証明する能力と同様、科学に対する本質的な機能である。換言すれば、その終点が全く不確定な思考の一つの路線を過たずに選択する能力は、最後に到達した結論の正確さを保証する力量と同様に、科学的方法の大きな部分である。そして、それは自然界の実在のまとまりを認識することと、それが将来顕示するだろう漠然たるものを感じ取ることの二つの機能である。

この結論は、問題を見るところから解の発見にいたる科学的探究のすべての段階の仕事のなかに同一の個人的判断原理を見出したかった私の願望を叶えてくれるものだ。多くの問題があれこれ考える想像力によって見出され、そしてひとたび一つが取り上げられるや、今度はそれの期待されるいろいろな方向に想像力が押しやられる。これがもし真実ならば探究の不確定さを減少させる新しい調和のアイデアを喚起する。アイデアの理論的あるいは実験的検証がさらに推測を喚起する想像力の新しい方向を指示する。かくて探究はますます絞られてゆき最後に問題を解いたと主張しうるあるアイデアが見つかる。

差し当たり、このラフなスケッチで、最後には問題の解であると主張する意想外なものを喚起するところの「無限の苦痛」の輪郭は十分示されたはずだ。

救援のための合理性？

しかしながら科学的輿論は、科学者はまだ顕示されていない事実についての漠然たる感覚に本質的に導かれているという事実を受け入れることをためらってきた。だから、物理学の教科書は何十年もの間、アインシュタインは地球の自転が周りのエーテルに流れを起こさないというマイケルソンの観測の説明として相対性を発見したと述べてきた。私が、十二年ほど前に、これは全くの作りごとだ指摘[5]した時の唯一の反響はピッツバーグのアドルフ・グリンバウム教授からのものだった[6]。教授は、アインシュタインの発見の道についての私の所論はあたかも自分の詩的インスピレーションは腐った林檎から得たというシラーの物語のようなものだと言った。幸い、ゲラルド・ホールトン教授の最近の研究が、極めて詳細に私が正しいことを最終的に示してくれた[7]。

我々の世代は明確な説明を好むと言う気質を持っている。明確さが劣る個人的判断の力が働いていることが明らかであってもである。このことを示す例としてこの話をしたわけである。科学的発見についての今日もっとも影響力の在る理論は、この好みを、発見プロセスを仮説の選択と選択された仮説を検証することの二つに分けることによって、述べたものだ。第一の部分（仮説の選択）は何ら合理的手続きによって説明がつかないものとされている。一方、第二の部分（選択された仮説を検証すること）は、科学者の本質的課題を成す厳密な手続きとして認識されている。

この科学的発見の理論は、科学的発見は内容を経験に照らして検証できる試験的な仮説に過ぎないと宣言することによって、科学の厳密性を救おうとしたものだ。この理論は次のように教えている。もし仮説の含意の一片でも経験と矛盾すれば、その仮説は破棄されねばならない。つまり、たとえその予測に確信が在る仮説を受容しても、実際には、それは、何らかの経験が仮説の主張のどれかと矛盾した時には破棄されるまでの、試用中のものである。仮定は、検証可能な結論を生み出すにあらざれば、何ら実質的意味を持たないものとして無視すべきだ、と。[8]

この理論を検証させてもらおう。ある発見がなされて、その付加的な含意が検証された後に、初めて発見であると主張されたという場合があるかも知れない。しかし、こんなことは必要でないし、また事実、こんなことは実行不可能だと言うことを示す証拠は山ほど在る。

一五七二年十一月十一日、チコ・ブラエはカシオペア星座に新星を発見した。この発見によってアリストテレスの不変の天空という教説は拒否された。望遠鏡の時代以前のことだが実際に同じ観測が中国でもなされた。この発見は、検証可能な含意を生み出すことに全く無縁のものだった。ベスビアス火山の爆発（紀元前七九年八月二四日）がその重大な内容を何ら検証することなしに事実として確立されたのと全く同様だ。また、第六番目の惑星について、また既知の惑星について、軌道周期の自乗が太陽からの距離の三乗に比例するというケプラーの発見を取り上げてみよ。この発見の基礎となっている数値はその八十年以上も前から知られていた。私はたまたま、コペルニクスの仕事で分かっていた惑星の太陽からの相対距離をテストしてみたところ、ケプラーの第三法則と二％以内の誤差で一致することを見出した。だから、ケプラーのやったことのすべてはこの関係の認知なのであり、この関係が彼の第三法則なのだ。だが、ケプラーはこの発見を、自分の天空調和の研究の頂点を成すものとして熱烈に歓喜した。この時にもまた彼の死後長期にわたってテスト可能な含意はこの発見に全く存在しなかったのであったが。

いうまでもなく、多くの発見は一撃のもとに為されてはいない。がしかし、オーソドックスな「仮説的演繹モデル」によって説明できない例は有り余る程多い。一七八一年三月一日に、ウイリアム・ハーシェルはゆっくり移動するぼやけた円盤状のものを観測した。最初は彗星かと思ったが、その運動を一、二週間観測した結果、彼は新しい惑星であることを認めて天王星と命名した。ついで、ルヴェリエとアダムスは独立に、天王星の不規則運動に基づいて、もう一つの惑星の存在を予言した。その位置の予測から——ルヴェリエの報を受けたベルリンのガーレによって——新星が発見され、海王星と命名された。かくて、天王星と海王星は観測されたその時点で存在が主張された。すなわち、テスト可能な特別の含意を何ら顧慮することなく観測が発見を完結させたのである。

物理学に目を向けてみれば、これと同様な場合として一九一二年のX線回折のマックス・フォン・ラウエの発見をあげることができる。ラウエはエワルトとの会話からX線が結晶を通過する時光学的回折を示すだろうという着想を思い付いた。この着想をテストするための実験は実験室主任の反対にあったが結局説得に成功し、結果は期待通りであった。この証拠で承認された発見を彼は公表した。

このほかに、何らの新しい観測も、反証または確証されるべき予測を全く要しない「見事な」発見の例が、例えば物理学や物理化学の理論的仕事にある。熱力学第二法則からのファント・ホッフの質量作用の法則の誘導[(a)]は、既知の事実に基づいた基本的発見であって、反証されるべき確証予測は何ものもない。マックス・ボルンによる量子力学の統計的解釈に対して、この半世紀もの間そのテストをなし得た者はいない。法則の従う事象について物理法則は実際のコースではなくその確率を予期するものだというこのラジカルな新しい概念は一般に承認されている。しかし、それは新しい事実から出てきたものでもまたテストしうる含意を与えるものでもない。このような非経験的理論は生物学を含む実験科学すべてにおいて最高度の重要性を持っている。ダーウィニズムは一つの例である、これは実際に二つの意味でそうなのである。第一に、その進化メカニズムは既知の事実によって理解できなかったけれども、七十年にわたってダーウィニズムは科学によって信用されてきた。第二に、もし実験的にテストされればこの理論を反証できたような経験的含意は今日まで一つも知られていない。第二については広く認められているから、第一の点について証明しよう。

『種の起原』出版（一八五九年）以後の四十年間に、進化をもたらす淘汰過程が変異の遺伝だけでは不十分なことが当時知られていた変異の工合からしだいに明かとなった。[9] しかし、この自然淘汰による進化説を科学的権威は引き続き支持したし、その影響は世界観に深く拡大した。一九〇〇年のメンデルの突然変異の発見によってようやく疑問が生じた。それらの変異は遺伝的なものではあったが、漸進的適応プロセスで考えるにはあまりにも多量なのである、だが、科学者によって支持された世界観としてのダーウィニズムの信用は微動だにしなかったのである。この間、メンデルの発見による新しい矛盾はさらに三十年間説明されずじまいだった。一九三〇年以降この矛盾はネオ・ダーウィニズムの勃興によって克服されたといえる。そうだとすれば、ダーウィンの自然淘汰が既知の自然法則に矛盾するという事実を無視してきたことが正当だったということになる。(10)

まとめれば、重要な科学的発見は、一瞥でなされ何らのテストによらずして確立されることがあるのであって、テスト可能な実験的内容を全く持たない偉大な理論的発見も存在している実例がある。さらに、広範な経験を新しい方法で解釈する理論が科学によって受容され、また仮説が既知の自然法則と矛盾はしたけれどもな永年にわたって科学によって確実なものとして支持される。また、経験によって拒否される予測が不可能なものでも、重要な理論同様に、科学によって支持されてきた事実が多々あるのである。

科学における個人的判断

二十五年前からの私の持論だが、科学的知識についての私の理論は、科学は知覚の拡張であるというものだ。それは、ゲシュタルト心理学が述べているような、部分の全体への統合である。しかし、個々の断片を調和した形へ釣り合わせるゲシュタルトとは対照的に、いままで隠されていた実在を顕示する熟慮された統合なのである。最もつじつまのあう事物を発見するための厳密な規則は存在していないし、みかけの調和を事実として受け入れるべきか拒否すべきかを教えてくれる規則さえも存在していない。従って、ある一つの証拠を真の規則性の、またはみかけの規則性の証明として、受け入れるか拒否するかの決定には常に個人的判断が混じっているのである。厳密にいえば、すべての経験科学は不正確なものである、という事実を私が知り得て受け入れているのはこのようにしてなのだ。かかる統合のすべては、知覚それ自身と同様に、我々が漠然とした知識しか持たないところの暗黙的要素に大きく基づいていることが事実になるに従い、私は科学もまた個人的判断の行為に基づいていると結論するようになった。

このことを示そうとしたことで私は永年「金棒引き（悪態つき）」と呼ばれた。科学的手続きとしてもっとも一般的に受け入れられている規則が無視された例やら科学の前進には無益な例などを集めたからである、最初に取り上げた例は、スタートから経験と矛盾しているアイデアでも科学では一般に受け入れられることがあることを示したものだ。原子量の大きくなる順序が化学的性質について注目すべき周期性を示す。この元素の周期律表は、二組の元素群は逆の順番となっていた。しかし、だからといって、このシステムが疑問だとか破棄だ、ということは一度もなかった。

他の例は、光が粒子からなるというアインシュタインが提案したアイデアが説明されるまでもなく三十年間支持された事実だ。その当初から、すでに確立されていた光の波動性に明らかに抵触していたにもかかわらずである。この場合のその後の歴史を説明して（これが私の最初の悪評だが）、規則なるもののいかなる例外も、その深い意味の拒否でなく評価を含んでいるようだと結論した。

次いで私は、受容されている科学の教えと違った結果が観測された時、それを即座に間違っているとしないで保留するということは研究の日常の仕事では不可欠なものだということを宣言しようとしたのだった。私の実験室で私は良く言ったものだ。毎日毎日、自然法則が形式上は実験で拒否されることを発見する、と。実際は、実験のエラーだと仮定して捨ててしまうのだ。こうしているといつかは根本的な新現象という大きな発見を逃すことも知っているし、実際に科学の歴史にはそういったことがある。しかし、私は態度をかえない。何故なら、実験室で観測されるもの全て正しいと額面通りに受け取っていたら、研究は常に根本的な点での僥倖を追う当てなき無駄な探索に堕してしまうからである。

アインシュイタインの発言に私の初期の金棒引きの上をいっているのがあること[11]を最近知った。ウエルナー・ハイゼンベルクは次のように述べている。自分がマトリックス量子力学を形成している途中でアインシュタインに、ボーア理論からもう一度真に観測し得る量に戻るべきことを提案した時、アインシュタインは真理は逆の方向にあると答えて言った「君が何かを観測できるかどうかは君の理論に依拠する、観測されうるものを決定するのは理論だよ」と。マックス・プランクもまた観測量を取り扱うべきだと言うハイゼンベルクの主張を退けた。科学は理論であり、それは観測に関係するが決して観測を含むものではないということがその根拠であった。[12]

優勢な理論に対立している観測の位置というものは不安定なものである。再び、地球自転に対応するエーテルの歪みが存在しないということを証明したマイケルソンとモーレーの有名な実験を取り上げよう。最終的にはアインシュタインの相対性理論の主たる実験的支持となったこの大発見も（当初は）歓喜されるどころではなかったのである。マイケルソンは自分の結果は失敗だといった。先に引用した論文のなかでホールトン教授は、ケルヴィンとレーリーがマイケルソンの結果をどれ程「全く失望した」と言ったか、またオリヴァ・ドッジ卿すらこの実験は説明してもらわなければならないと言った、と述べている。このように当時通行の物理的解釈によって堅く支持されていたエーテル説がこの実験を疑問視させたのだった。だが約三十年後に同一の実験が改良された装置でD・C・ミラーによってくり返され、今度はエーテル歪みが存在することを示したのだが、今度は結果が拒否された。相対性理論のほうがエーテル説に打ち勝ってしまっていたからである。勿論、このときも理論が実験をまさしく凌駕したのだった。

ごく初期の金棒引きで、ラザフォードが発見した放射変換に触発されて第一級の科学者が元素変換を示す実験結果を発表した話しを取り上げた。それについて詳しく述べるスペースはないから簡単に紹介しておく。放射性元素変換を含んでいるというラザフォードの発見（一九〇三年）に触発されて、一九〇七年から一九一三年にかけて類似の発表が続いた。ついで、元素変換のラザフォードの発見（一九一九年）に呼応して一九二二年から一九二八年にかけて同様なことが起こった。発表された観測は、ラザフォードの発見がなかったら、単なる「実験が汚れていた結果[13]」として棄てられていたはずの代物だった。

全く逆の例、すなわち、もっともらしさのほうが観測に正当に打ち勝った例を付け加えておこう。一九二〇年代なかばにエディトンが展開した宇宙論から彼が導いたもので、「微細構造定数」の逆数（$2\pi\varepsilon_0 hc/e$）が一三七に等しい、というのがあることを私は記憶している。彼の宇宙論は一時的に拒否されたし、エディトンの数字は当時一三七・三〇七でエラーはわずかにプラスマイナス〇・〇四八という精密な実験値（すなわち実験結果は一三七・三〇二と一三七・四一二の間）となってしまったことも拒否の理由となった。ところが、二十年後新しい実験値は一三七・〇〇九[b]となった。これはエディトン説を見事に裏付けるはずだったが、圧倒的多数の科学者によって偶然の一致として方付けられてしまった。圧倒的多数の科学者の方が正しかったのである。[14]

まとめると次となる。科学は通常知覚と同様に一つの統合の結果なのである。科学はそれまで未知であった自然の調和を確立する。調和の認識がそうであるように焦点的に感知せず実際上しばしばそれと同定し得ない手がかりに大きく依存している。事物の本性に関する現在の科学概念は常に自然における調和の我々の認識に影響を及ぼしている。問題を見ることから、考えうる疑問があるにも拘らずそれを拒否する究極の決定まで、もっともらしさの諸因子が常に我々の精神にあるのだ。これこそ、厳密にいえば、自然科学すべてが個人的判断の一表現であるということの意味なのである。

幅広い視点

天才という機械は以上に述べてきたように、探究の初めから終わりまで常に働いているのである。ひとたびそのメカニズムが分かってしまえば、それを動かす主人は我々自身であることが分かる。そして、精密さとは常に程度の問題に過ぎず、すべてに卓越する理想ではないのである。精密科学が最高の位置にあるということは言えなくなり、心理学、社会学および人文学は数理物理学と張り合う無益な誤った努力から解放される。

私がこの方向に踏み出したのはずいぶんの昔、「不正確の価値」(10)と題する小論からであった。その小論のなかで「もし、あくまでも手続きの正確さに固執していたならば化学は存在しなかったか、少なくとも化学的なものについて言うべきことはなかったはずだ」と指摘した。なぜなら、化学は化学的過程の記述として、「安定性」、「親和力」、「傾向」と言った判断に信を置く指導原理をとってきた。そして、そう言った判断を行うに際しても大雑把な経験則を見事に使いこなすことを良しとしてきた。不正確の価値は化学だけではない。生物学という科学は不正確のみによって可能なものとなっている。生物の構造は、部分部分の見方を一つの調和として機能している存在という見方に統合することだけで生物の構造を認識できているのである。物理学と化学によって解析すればその存在は消失してしまうものなのだ。

私は科学的価値を次の三つの価値項目の結合体として定義している。
(一)精確さ、(二)理論の範囲、(三)対象固有の興味。(16)
この三つ組の価値は、科学の全領域にわたって我々の評価を均く割り当てる。すなわち、精確さと美しさが大きい時には対象固有の興味が小さい、他の場合には全く反対、というようにバランスしていることがわかる。例えば、近代物理学の対象の大部分は科学者だけが興味を持つが、生物学の範囲の地平は動物や植物そして人間としての我々自身の生命についての我々の経験にまで及んでいる。数学的厳密さと美しさの栄光、物理学はこの点で生物学をはるかに凌駕しているが、これは生物学においてはその対象の大きな興味というものによって相殺されているのだ。

ひとたびこの三重の格付けによって科学が評価されれば、すべての学問は同一のプライドのものとる。真の科学ではないのではないかといった良心の呵責から解放されたプライドにすべてがなるのだ。オーギュスト・コントの馬鹿な学問階層はこれで粉砕され平坦なものとなってしまう。

科学の不正確さについて、また最終的には科学における真実として受容すべきものを決定する我々の個人的行為について、私は弁解はしない。私は、我々の介入を残念な必要性とも思わないし、またそれの結果を二流品の知識と見なすこともしないのである。我々の知識概念を組織的に破壊し、それによって我々の広汎な文化を捩じ曲げる誤った考えに立てば二流品にしか見えまいと思うのである。

文献
(1) Michel Poloanyi, *Science,Faith and Society* (Oxford University Press,1946;Phenix Ed. 1964), p. 33.
(2) Michel Polanyi, "Problemsolving", *British Lournal of Philosophy and Science*, vol. VIII (August 1957), pp. 89-103.
(3) George Polya, *Mathematical Discovery, vol. II*, p. 63.
(4) C. F. Pantin, *The Relation between Sciences* (ed, Pantin and Thorpe) (1968), p. 121-122.

他の想像的な仕事も見て良いだろう。カントは純粋理性批判のなかで哲学問題探究における直観（予感）の役割について触れている。すなわち、「長年月にわたって非組織的に集められた観測を構成材料として心に浮かんだアイデアを導きだしたり構成材料を技術的に処理するのに多くの時間を費やしたりした後でやっと、というのではなく、理由の観念に従った建設的一体のアウトラインが知れた明白なアイデアを最初から見ることができるというのは不幸なことだ……」と彼は書いている。

H・W・ジャンソン（H. W. Janson(*History of Art*, 1962, p. 11)）は絵画製作にあたっての直観を述べている。制作者は実際に出来上がってしまうまで何を製作しているのか全く分からないのがこの仕事の奇妙かつ危険なのだ。他の言い方をすれば、find-and-seekゲームである。探す人は見つけるまでは探すものが何か分からないのだ……。

ノースロップ・フライ（Northrop Frye)（*T. S. Eliot*, 1963, p. 28）はエリオットの直観の説明を語っている。「詩人は何を云わんとしているかについて自分の詩の言葉が見つかるまでは、分からないのだ」。「詩人」は何がやってくるか分からないが、やってくるや否や彼の全存在はそれをリアライズするのに専心するのだ。

この種の直観はメノンの問題の解である。すなわち、プラトンが、探すものが何かしらないのに探究することができるかの疑問を呈した、いわゆるメノンの問題である。

(5) Michael Polanyi, *Personal Knowledge* (1958), pp. 9-11.

(6) Adolf Grunbaum, *Philosophical Problems of Space and Time* (1963), pp. 385-386.

(7) Gwrald Holton, "Einstein, Michelson and the 'Crucial Experiment'", *Isis*, vol. 60 (1969) pp. 133-197.

(8) はっきり言えば、私が引用しているのはカール・ポパー卿が『科学的発見の論理』(*Logik der Forschung* (1934). 英訳は *Logic of Scientific Discovery* (1946)) に述べたものだ。

　これは最も広く影響を与えたもので、後の *Confectures and Refutation* (1963) で若干修正されたが、私がここで問題にしたその「反証主義（refutationalism）」の原理は本質的に変わっていない。

(9) C. D. Darlington, *Darwin's Place in History* (1960) p. 40. ダーリントン教授は第8章"The Retreat from Natural Selection"において、ダーウィンの『種の起源』が後の版で次第に自然淘汰が見捨てられラマルク（Lamark）の遺伝で進化が説明されるようになって行く状況を述べている。

(10) 現況は Julian Huxley, *Evolution the Modern Synthesis* (1942) p. 116 によって次のように述べられている。これは改正版（1963）でも変わっていない。

「自然な条件下での突然変異の公用についての直接かつ敢然な証明は未だ為されていない。現状では、部分的かつ間接的不完全だが個々には蓄積的かつ証明できない多くのばらばらな証拠が収斂して来るのに待つほかはない」。

　J. Maynard Smith は論文"The Status of Neo-Darwinism", pp. 82-89 (*Towards A Theoretical Biology*, C. H. Waddington ed. 1969) でネオ・ダーウィニズムは「トートロジカル」"tautological"でないことを証明する若干の証拠のリストを挙げている。だが、ハクスリー同様、証拠が理論を支持していると言っているだけだ。

(11) W. Heisenberg, "Theory, Criticism and a Philosophy" in Form a Life of Physics, special supplement of the Bulletin of the International Atomic Energy Agency (Vienna) pp. 36-37. この出版はごく最近であるが、アインシュタインとの会話は一九二五年かそれ以前の筈だ。

(12) Max Planck in Positivisums und Reale Aussenwelt, (Leipzig; Akademische Verlagsgesellschaft, 1931) はいう。「それ自身で測られうる物理量は絶対に存在しない……」(p. 21)。

(13) 詳しくは　文献（1）の Appendix 2 を見よ

(14) 詳しくは文献（5）p. 43, 151, 158, 160 を見よ

(15) 文献（1）の ChaptII, section II を見よ

(16) Michael Polanyi, *Philosophy of Science*, vol II (1936), p233ff.

訳注

(a) 平衡定数の温度変化を表す。ファントホッス式の誘導の意味である。

(b) 現在では一三七・〇四。

訳者解説

一、マイケル・ポラニーの科学的業績

二、科学研究におけるポラニー

一、マイケル・ポラニーの科学的業績

ポラニーはブダペスト大学医学部学生であった十九歳から論文を発表しはじめ、マンチェスター大学の物理化学教授から社会学教授に移行する五十七歳までに、主として物理化学分野に約二一〇篇の論文と一冊の単行書を発表している。かたわら、四十四歳（一九三五年）より四〇篇の経済学、科学論も公表している。移行後の哲学的労作は約一〇〇篇を越える。

ポラニーの科学的業績として、現時点において、際立って優れたものと認められているものは次の三つの仕事である。

1、吸着のポテンシアル説。一九一四年から一九三三年に亘り論文一七篇。
2、X線回折と結晶の研究。一九二〇年から一九三四年に亘り論文五五篇。
3、化学反応速度論の研究。一九二〇年から一九四八年に亘り論文一二三篇。

吸着のポテンシアル説

ポラニーの吸着ポテンシアル説は、現在、固体に対する気体・蒸気の物理吸着現象についての定説となっている。[(1)] この吸着は、木炭や活性炭が気体を取り込む現象であり、ガスマスクやシリカゲルによる脱湿などに利用されている。十九世紀末までは、気体の固体表面での凝縮あるいは、固体細孔への毛管凝縮が吸着であるとされてきたが明確でなかった。真空装置が実験に使用されるようになってから、ドイツのフロインドリッヒ一門によって精密な吸着等温線が観測されるようになり理論研究がはじまった。

ゲチンゲン大学のオイケン教授（一九一三年）、カールスルーエ工科大学院生のポラニー（一九一四年）、アメリカG・E研のラングミュア（一九一六年）の理論が提出された。オイケンは固体表面上に引力場を考え吸着空間と呼び、そこに気体分子が高圧ガスとして捕捉されるとした。しかし、理論を実験と比較するところまで具体化できなかった。ポラニーは吸着空間内で気体は凝縮するものとし、凝縮量（吸着量）と気体圧との関係を実験の吸着等温線と比較することにより、吸着空間内の固有のポテンシアルを決定した。このポテンシアルを用い、他の温度、気体の等温線を導き実測と良い一致を示すことを見出した。これによって、固体表面は固有の吸着ポテンシアル場を持つことをポラニーは主張した。このポテンシアル場は遠隔力であり、しかも、凝縮液体によっては遮蔽されない、ということになる。当時、分子、原子間の引力は、すべて電気的相互作用によるとする説が台頭してきていたために、このポテンシアルが疑問視されたとポラニーは述懐している。(2)

一方、ラングミュアの登場は、表面積既知の平滑表面（雲母、硝子薄片）を用いる見事な吸着実験と算術的理論（ラングミュア独特の）によって衆目を集めた。従来の実験はほとんど、大きな吸着量を示す活性炭(当時表面積不明、しかも多孔性)を使用していた。ラングミュアは、吸着量を単位表面積あたりの分子数によって表示した。彼の結果では、吸着は一分子層厚さ以上にならないように見えた。それは、吸着が表面原子と気体分子の化学結合とすれば、解釈できる（吸着熱がきわめて小さく、化学結合によるものでないことは、彼自ら直ちに訂正したが）。このラングミュアの研究は、当時、衝撃的なものであった。彼の説は、単分子膜吸着説と呼ばれ、液体表面上の単分子膜の生成、タングステン表面の酸化膜の挙動など彼の表面化学の出発点として評価を受けた。これによって、ポラニーの吸着説は影が薄くなってしまったのは歴史的事実である。しかし、一九四〇年代から一般の吸着（物理吸着）は多層吸着であり、ポラニー理論が有効であることが認められるようになってきた。とくに、多層吸着がラングミュア理論の拡張（ＢＥＴ理論）より、ポラニー理論によく合うことが認められ決定的となった（平滑表面では逆三乗則が成立する)。ラングミュア理論は、固体触媒に決定的役割を果す気体分子の表面化合(化学吸着という)に適用できる。

本書の「吸着ポテンシアル説」[2]は、以上のストーリーに対するポラニーの見解である。ポラニーのこの見解に関して、二つのコメントをしておきたい。ひとつは、ポラニーは、自説がかなり引用され[3]、その現象論的有効性(ひとつの実測等温線から吸着ポテンシアルを決定すれば、他の温度、他の気体の任意条件の等温線が導き出せる、という)が認められているにもかかわらず、「全く無視されている。消えてしまった」と書いていることである。第二に、ラングミュア理論によれば、実測等温線から飽和吸着量(単分子膜に相当する吸着量)を推算できる(多層吸着へのBET理論でも同様)。この量を分子数に換算し、分子の断面積を乗ずれば固体の表面積に相当するものが得られる。この方法は、現在でも、固体表面積の測定法[1]として広く用いられている。この実用性こそ、ラングミュア理論がもてはやされたひとつの理由である。たしかに、この表面積決定法は基本理論が危かしい。けれども、電子顕微鏡・X線回折が使用しうる固体試料での比較によると、吸着法による表面積値はさほど怪しくないのである。もっともこれによって、基本理論が妥当といえるものではないのだが。

さて、このような実用価値がポラニー理論に欠如していたことに関して、ポラニーは一切触れていない。ポラニーにあっては、このような実用的評価は全然、視野のなかに入っていない。この点は、ポラニーのアカデミズム科学を考えるとき重要であると思う。

ポラニーの吸着ポテンシアルの仕事は、哲学者時代に書かれた本書第二論文をめぐって、哲学者も採り上げている。ゲルウィックも少しく誤解していると思われるのでやや詳しく紹介した。(4)

X線回折と結晶の研究

この研究は、カイザー・ヴィルヘルム協会の繊維化学研究所に研究員として就職して最初に与えられた繊維のX線回折像解析の仕事からはじまった。この研究の回顧が『知と存在』(4)にも収められている「私のX線と結晶研究の時代」である。最初の仕事を通じて、はじめてX線回折を知ることになる。最初の試金石を見事に乗り切ったポラニーは、助手、研究生を雇う予算を与えられ、ワイセンベルク、マーク、シュミットら後の碩学を共同研究者として得る。セルロース（繊維素）や絹糸蛋白の化学構造決定にもう少しのところまで迫りながら大魚を逸したなどの反省もあるが、研究全般の流れの必然性が回顧談によく書かれている。

さて、この一連の研究成果はノーベル賞に十分値する。第一に、X線回折における回転結晶法[5]の創案である。ワイセンベルクカメラの名も残るこの方法はポラニーのアイディアである。第二は、冷間加工（焼入れでなく、常温で硬化、成型）に至る結晶の強度・可塑性の研究（ポラニーの伸び計が残っている）。第三は、結晶転位[6]概念の提案である。金属の成型加工は現在、ほとんど冷間加工によって行われているし、結晶転位は実在し材料科学の重要概念である。この概念は、イギリスのテイラー、ドイツのオロワンと同時である（一九三四年）。発表が後れた理由はオロワンの学位論文ができるのを待ったということらしい。この結晶転位の論文発表はおそいが、このX線と結晶の一連の研究は繊維化学研究所勤務の三年間でなされたものである。

化学反応速度論の研究

ポラニーが熱望していた反応研究は、ハーバーが主宰する物理化学・電気化学研究所に迎えられた一九二三年から本格的にはじまる、繊維化学研究所入所以前すでに、臭素ガスと水素との気相反応の異常な速度式の説明に関する業績を七篇の論文として発表している。この反応は通常のおそい反応と爆発に進行する反応の中間にある。沃素ガスと水素の反応は前者、塩素ガスと水素の反応は後者である。前者の速度は沃素ガス濃度と水素濃度に比例する二次反応と測定されたが、後者は速すぎて測定できない。中間の臭素の反応速度は、臭素ガス濃度の平方根に比例し、水素濃度に比例するが、生成臭化水素の濃度増加とともに減少する。単純な分子衝突によっては説明できないから異常といわれ、説明が求められていた。それについてクリスチャンゼン、ヘルツフェルド、ポラニーがほとんど同時に、同じ解答を提出したのである。この反応は、複合的であり、臭素分子からの原子が水素分子と反応して臭化水素分子を生成するとともに水素原子を放出、これが臭素分子と反応し、といった工合に進行する。化学反応は一般に多段階に進行することを最初に明らかにした業績であり、物理化学教科書には必ず書かれているものである。(7)

繊維化学研究所の研究成果によって、念願の物理化学研究所入りを果たし研究室を持つ。しかし、ユダヤ人公職追放により、この研究所を十年後に退職する。この十年間に、ポラニーはベルリン工科大学理論物理の大学院生ウィグナーとともに、化学反応の量子力学理論の構築をはじめるとともに、そのような理論に対応するレベルの実験を計画し準備に数年を要する。実験は、「希薄炎による反応研究(8)」として知られることになる。原理は簡単なものだが、誰でも思いつくといった程度のものではない。細長いガラス管を真空とし両端から、たとえば塩素ガスとナトリウム蒸気を低圧で流入させる。両者は直進し出合って反応し食塩を沈着すると同時に発光する。ガラス壁への食塩沈着量の分布と発光ゾーンの強度分布を観測する。発光はナトリウム原子のD線である。二つの分布から、D線発光に必要なエネルギーがどの反応ステップからの寄与か、その他個々のステップの同定と速度を割り出す。実験はきわめて難しい。ガス量が多ければ全域で反応してしまうし、少なければ安定した分布が得られない。適当量のときの食塩沈着量は微量である。

最初の論文が発表されたのは一九二八年である。その後三年間に六報を数えるが、最も美事な実験と称されているのは共同研究者大塚明郎先生（東京教育大学名誉教授）とのものである。二報は連名、二報は大塚先生の単独名。要するに、この実験研究は画期的なものであり、真空度を現在のレベルにしただけで、現在の分子線交差法[9]となる。後者の研究で著名なのがジョン・ポラニー（子息、トロント大学教授・一九八六年ノーベル賞受賞。後出）である。このように、この実験は、一定の並進エネルギーをもった異分子原子間の衝突、エネルギー移行など、化学反応の素過程を観測しようとしたものである。化学反応のミクロスコピーに迫るために必要な実験であり、量子力学を適用することに対応している。従来の反応は、熱平衡にある分子間の衝突によるから、理論は古典的速度論、すなわち気体運動論の適用に対応する（この点を述べているのが『暗黙知の次元』［佐藤訳］六頁注記である）。

ポラニーとウィグナーの理論の第一報は一九二五年に出ている。ウィグナーは五年後にプリンストン大学に移るが、半年はポラニー研究室で仕事をし、一九三二年にペルツァーと共に化学反応の統計力学理論を発表する（ウィグナーの述懐[10]によれば、ポラニーが連名とすることを遠慮してしまったため）。反応の統計力学理論としては、この仕事が最も理論的に整備されている。ウィグナーは、化学反応から核反応に移行し、後に核物理学における貢献でノーベル賞を受ける。ウィグナーがプリンストン大学に転出した後釜に、ポラニーの理論研究に加わったのがバークレーからの留学生アイリングである。ポラニーは、水素分子と水素原子の反応（三個の水素原子の系）、臭化水素分子と水素原子の反応の量子力学的エネルギー計算をはじめた。水素原子二個から水素分子が形成される相互作用（交換力）は、ほんの二年前に、ハイトラーとロンドン、そして杉浦によって明らかにされたばかりであった。しかもエネルギー計算はラフなものであった。二原子系でも（正確には二電子系でも）そうなのであるから、三原子系すなわち三電子系ではとても計算など出来るはずがない。これは当時の常識だったはずである。ロンドンは、多電子系のエネルギー計算の近似法を試みてはいた（一九三〇年）。ポラニーは、直ちにロンドンの近似法をとり入れ、その上にもうひとつ、乱暴というか大胆不敵というか、「交換エネルギーとクーロンエネルギーの比は原子間隔によらず一定」という近似を用いて計算を強行した。

この計算は、後述するように批判の的となるが、ロンドン・アイリング・ポラニー（LEP）近似と呼ばれ生き残る（後に、東工大院生佐藤伸が一部修正改良したものが、現行のLEPS法。佐藤は現在東工大名誉教授）。さて、ポラニーがアイリングと連名で発表したのは、「反応のポテンシァル曲面」であり、一直線上にある三水素原子の全エネルギーが相互距離の変化によりどう変化するかを等高線図により表示したものである。谷から峠を越えてもうひとつの谷に至る経路が反応である。

衝突エネルギーと分子の振動エネルギーとの関係は、反応を決定する峠の状態にある三原子の相対位置などが、ピクチャーとして捉えられた。谷と峠の高度差（エネルギー差）および運動（分子振動・回転）差が、従来の古典速度論における活性化熱[11]の内容である。（アイリングによると、峠の状態における分子振動の計算は振動工学の知識で鉱山学科出身の自分がやったとのこと――阪大広田名誉教授より伺った[12]）。これらの結果は、化学反応のミクロ像として化学者を狂喜させたが、反論も手厳しかった。一九三八年、ロンドンでの英化学会の討論会[13]でグッゲンハイム（ファウラーと共著の『統計熱学』は著名）は「このエネルギー計算方法は半経験的と言われているが、今後は完全に経験的なものと言うべきだ。そうなら結果がどれだけ有効かだけのことであるのだが、クーロンエネルギーの割合を勝手に動かすことで結果と合わせるのでは話しにならない。この割合を一定として良い結果が出たとしても、方法が経験的であることに変りない」とコメントしている。アイリングは「計算は摂動法に基づいており正しい」となど的はずれなことを答えている（彼は、大いに憤慨していたらしいから、思わずこんなことを言ったのだろう）。ポラニーの返答は、ポラニーの面目躍如たるものであり、後年のポラニー哲学はこの時期すでに確固たるものになっていることを示している。

「逆に伺うが、エネルギー曲面を考慮することを拒絶するとすれば、われわれは反応機構について何が言えるであろうか？　ポテンシアル曲面を考えなければ、水素分子はあらかじめ解離してそして反応が進行する、としなければならなくなる。解離するのに一〇一キロカロリー必要だから、反応の活性化エネルギーがその大きさとなってしまう。実測の活性化エネルギーは低い〔約一〇キロカロリー〕から、この解離機構は誤っている。しかも、これ以上反応を究明できずじまいとなる。一方、この曲面を考慮すれば、この反応だけでなく、活性エネルギーが解離する結合のエネルギーよりはるかに小さい理由が説明できる。ある場合には、適切な仮定のもとに実験の活性化エネルギー値を導くこともできる。私個人としては、現段階では数値が実験と合致することが重要だと思っていない。不明のままに残る化学反応機構をこの理論が適切に描きうると信じている」。

まったく明解な答弁である。精度において問題があるが、ある遷移的構造の状態（峠によって示された）となれば反応するという描像が示されたのであり、ペルツァーとウイグナーの理論（一九三二年）の背景ができ上ったものである。そして、一九三五年、アイリングの「活性錯合体理論」、エヴァンスとポラニーの「遷移状態理論」となって今日に至る。歴史はポラニーの信じた通りに移行した。

さて、アイリングはバークレーに帰り、この仕事をプリンストン化学の総帥H・S・テイラーに認められプリンストン大学にポストを得る。ポラニーの周辺には人種迫害の嵐が吹きはじめ研究室閉鎖は二年後に迫る。ポテンシアル曲面はプリンストンの独占するところとなり、数多くの反応に適用される（だが、このような適用例を増すだけの仕事をポラニーは、時間があってもやらなかった、と思う）。

一九三三年、ポラニーは実験補手一人、ハンガリー留学生一人、ならびにゲチンゲン大学留学中の堀内寿郎博士とともに、マンチェスター大学ヴィクトリアカレジに移動する。この翌年がポラニーの科学研究生産性最大の年である。ジョン・ポラニーによれば「マンチェスターでの研究は、反応熱と速度との比例関係の発見ならびに遷移状態理論の展開という成果があった[10]」。前者は、堀内ポラニー則（一九三五年）（現在はエヴァンス‐ポラニ則と呼ぶ人が多い）として知られるもので、反応熱が変化すればその半分だけ活性化エネルギーが変化するという経験則であるが、ポテンシアル曲面論から考えつかれたものである。この経験則は反応の平衡定数と速度定数との関係に置き換えられる。後年のハメット則その他の類似関係の総称であり、有機反応論にも貢献することになるLFER（自由エネルギーとエネルギーの直線関係）の礎となった（純経験則としてはブレンステッド触媒則〔一九二五年〕が先行）。

マンチェスターにはハーバーの研究所のような実験工場もなく優れた実験補手《ラポラント》もいなかったから、希薄炎の実験は不可能であった⒁（このことも、マンチェスターからの招聘を受諾するのに時間がかかった理由）。仕事の連絡のあった堀内博士が、溶液密度の極微量変化測定法で知られていたことと、ゲチンゲン大学オイケン教授研究室から移動する意志があったことがポラニーのマンチェスターでの仕事を大きく変えた。当時発見され、化学反応研究に導入されたばかりの重水素の使用である。極微量の重水素を含んだ貴重な重水をアメリカのテイラー教授から送ってもらい、水素の反応に使用する。重水素の行方を追跡することによって反応経路を調べるのである（重水素トレース法）。実験は水の極微量の密度変化測定に帰せられる。

堀内博士の腕力が発揮された。堀内博士は留学生でなく、大学の名誉研究員の待遇にあり、その指導学生がD・D・イーレー（後、ノッチンガム大学教授）である。従来、謎とされた反応（水素の関与する）、とくに触媒反応の機構がこの方法で精力的に調べられた。ひとつは、アンモニア合成反応と並ぶ実用触媒プロセス―油脂の硬化法―のモデル反応であるところのエチレン水素化である。この反応は、イギリスで一九二五年あたりからリディール教授が精力的に研究しており、ハーバーの研究所から移ってきたファルカス兄弟とともに重水素トレーサー法を適用して新しい機構を提出した（一九三三年）。これと異なる機構をポラニーは堀内とともに翌年提出した。これが定説となっている堀内ポラニー機構である。さらに、両者の水の電気分解反応（水素電極反応）の研究も著名である。堀内博士が一九三四年に帰国（北大教授となり、水素電極反応の実験、統計力学的研究を継続―一九四〇年恩賜賞）した後、エヴァンスがプリンストン留学から戻り理論的研究（遷移状態理論）に加わり、イーレーの触媒反応研究に留学生カルヴィンが加わる。後者の研究対象にフタロシアニンが選ばれ、カルヴィンはアメリカ帰国後この研究から植物の光合成（フタロシアニンに似た、しかしもっと複雑なクロロフィルー葉緑素が関係する）の研究に進み、ノーベル賞を得る。

以後、触媒反応の研究も続くが、次第に発表は減少してゆく。そして、一九三五年のソ連訪問（前にもしばしば科学研究の発表が目的で訪問。堀内との水素電極反応研究はソ連物理化学雑誌にドイツ語で印刷された。）でブファーリンと会談（『暗黙知の次元』前掲、三頁）した頃より、哲学的論文が増えはじめ、一九四三年以降は科学論文発表を凌駕する。最後の研究論文は、「フリーデル・クラフツ触媒によるオレフィン重合反応の研究」であり一九四七年の発表である。

化学反応研究はポラニーが生涯をかけたものといってよい。この評価は高い。日本化学会は、独創的研究の展開開発に資するため全化学分野における世界的重要論文（原典）を『化学の原典』（十二冊）として刊行した。うち七冊が物理化学であり、うち化学反応論[8]は二冊である。反応論収録論文十八篇のうち、ポラニーの論文はつぎの二篇が収録されている。

希薄炎について1（ボイトラーと共著）ドイツ物理化学雑誌（一九二八年）（土屋荘次訳解説）

化学反応の慣性と推進力（エヴァンスと共著）ファラデーソサエティ誌（一九三八年）（森川陽・慶伊富長訳解説）

このほかに、ポラニー関係としてアイリングのポテンシアル曲面計算、クリスティアンゼンの臭素と水素の反応の理論が収録されている。アイリングを選んだ選者の意図はまったく理解に苦しむ。アイリングを選ぶならば、活性錯合体理論でなければならない。ポテンシアル曲面を選ぶなら、水素三原子系であり、ポラニーとの共著論文でなければならないことは自明である。

以上のごとく、ポラニーの科学的業績はきわめて顕著であり、五十七歳にして転向しなければ確実にノーベル賞を受けているだろう。その運動を周囲がはじめようという気運となった時に、それよりも、哲学に専心するために、議義義務のない社会学教授ポストを希望して、マンチェスター大学当局に認められた、という評《うわさ》を私は信じている。

注

(1) 慶伊富長『吸着』(共立全書、一九六五年)

(2) ポラニー「吸着ポテンシアル説」(本書所収) の引用27、ポラニーの引用27、ポラニーの逆三乗則も紹介されている。

(3) S・ブルナウワー『気体と蒸気の物理吸着』(オックスホード大学出版、一九四五年)

(4) M・グリーン編『ポラニー、知と存在』(シカゴ大学出版、一九六九年、吉田謙三他訳、晃洋書房、一九八五年)。R・ゲルウィック著『マイケル・ポラニーの世界』(長尾史郎訳、多賀出版、一九八二年)、五一〜五二頁。

(5) X線回折による結晶構造決定の一方法。単色平行X線をあてながら、結晶を入射線に垂直な軸のまわりに回転させると、ブラッグの条件を満足するとき強い回折線を生じる。結晶周囲に円筒状にフィルムをおけば、各結晶面からの回折線が一枚のフィルムに撮影できる単結晶試料に対して最も一般的な方法である。

(6) 結晶内部に存在する構造上のズレ。表面上に、ラセン形、刃形で現れることがあり、結晶成長の場所となる。また、少さい変形力により結晶が変形する原因となる。

(7) 慶伊富長『反応速度論』(東京化学同人、現代化学シリーズ(四三))、三六頁。初版一九六九年、第二版一九八三年、第三版二〇〇一年)。慶伊富長「反応速度論」(共立出版、川上・慶伊・森編エンジニアリングサイエンス講座一九、一九七六年)五三頁。その他、大学の物理化学教科書を見よ。

(8) 『化学の原典・6』(日本化学会編)

(9) 超高真空中に、反応分子を速度を揃えた分子線で直交させる。生成分子、その他の衝突飛散方向ならびにエネルギー状態を観測する研究方法。

(10) ウィグナー、ホジキンのロイヤル・ソサエティ、ポラニー追悼文(一九七七年)

(11) 反応速度の温度係数は指数関数型であり、エネルギー項(通常四〇キロカロリー以下)によって表示できる。このエネルギi値を活性化熱、あるいは活性化エネルギーと呼ぶ。これの存在が化学変化の特質。慶伊富長・小野嘉夫『活性化エネルギー』(共立出版、化学ワンポイント一九八五年)参照。

(12) 『マイケル・ポラニー』(ハーベスター21)青玄社(一九八六年、非売品)

(13) ファラディ・ソサエティ、ゼネラル・デスカッション(一九三八年)

(14) 堀内寿郎『一科学者の生長』(北大出版、一九七二年)

二、科学研究におけるポラニー

ポラニーの科学論文は連名が多い。若年期の二七篇は単独名だが、繊維化学研究所入所（一九二〇年）からマンチェスター大学物理化学教授を退くまでの研究の大半は連名であり、しかしポラニーの名は後にある。留学生と一緒の仕事もそうなっている。カルヴィン・イーレー・ポラニー、堀内・ポラニー、アイリング・ポラニー、エヴァンス・ポラニーといった具合である。共同研究者は後に、錚々たる学者として知られる人々であるから、誤解も生じる。良く出来るのを集めて仕事をさせ、その上に乗っていたのではないのか？　と。ウィグナーはロイヤルソサエティの追悼文のなかで書いている「自分もカルヴィンも、自分たちの職業的経歴に対してポラニーの与えてくれたものに感謝している」と。カルヴィンもアイリングも、ポラニー研究室での業績によってアメリカでのポストを得ている。連名であり、ポラニーの名が後にあることは、「共同研究者が十分内容を理解していれば連名であり、寄与が同等であればアルファベット順だ」(堀内教授より伺った）というポラニー流なのである。証拠は在る。ウィグナーやシュミットらとの論文は、ポラニーが筆頭となっているのである。ポラニーは本書の第三論文「アカデミックな科学と産業の科学」のなかでつぎのように書いている。「科学者は……結果を公表するにさいしても、その成果は有効な意見を寄せた優れた共同研究者と共有すべきであるし、少なくとも共有するようにしなければならない」。そして、ポラニーは、ウィグナーや大塚明郎博士には単独名での発表さえ許容している。このようなことは、なかなか出来ることではない。某国で聞いた笑話を思い出す。「学生が論文を書いて助手に見せた。助手は、自分が前から考えていた通りの結論だ、といって学生の名の前に自分の名前を書いた。講師も助教授も同様にした。最後に教授は、当然のように自分の名を筆頭に書いてから、どうも名前が多すぎる、と後の方の名を削ってしまった！」。

論文の著者名は研究者にとって重要なことである。業績によって、研究者として評価され、ポストが得られることになるからである。一将功成って万骨枯る、はこの世界でも同様である。だから、ポラニーの多くの論文は異常なのである。しかし、私はポラニーが正しいと考えている。マートンのいう報償制度を逆手にとり、科学者集団、否、科学者集団への名誉授与、資金提供グループすなわち外側社会へのアッピールに熱心になる科学者が増えることは科学に対し、人間に対する冒瀆であると思う。ポラニーは名利を追わなかった。その代り、本質と思うものへの追究と、正しいと思う理論の擁護のための態度は妥協を許さぬ厳しいものであった。
さて、マンチェスター大学に安らぎの新天地を得て、堀内博士と毎週のごとく「ネイチャー」誌に寄稿している最中でも、ポラニーは一か月ほど蒸発した。博士が聞くと、てれくさそうにして「経済学の仕事をしていた」と答えた、とのことだ。一九三五年九篇の科学論文のほかに「ソ連、その経済基本データシステムと精神」(マンチェスター・スクール・オブ・エコノミックス・アンド・ソーシアル・スタディ6、別に、『ソ連、その経済』としてマンチェスター大学出版)が公表される。以下に、科学者時代の余技としてのポラニー哲学研究を年代別に並べておく。

一九三六年 (科学論文八篇のほかに)
真実とプロパガンダ (前掲、経済社会学7)
不正確さの価値 (科学哲学3)
一九三七年 (同五篇のほか)
発見に関するパリ会議 (ネイチャー一四〇)
一九三八年 (同三篇のほか)
資本と取引サイクルの鎮静化《セットルダウン》 (前掲9)

一九三九年（同三篇のほか）
科学の権利と義務（前掲10）
一九四〇年（同三篇のほか）
自由の侮辱（〝ソ連の科学〟）
スクリーン上の経済（ドキュメンタリーニュース）
モーションシンボルによる経済（経済学研究レヴュー）
失業と金（映画製作）
一九四一年（同三篇のほか）
社会における思想の成長（エコノミックス8）
一九四二年（同一篇のほか）
科学の再評価（マンチェスターガーディアン）
一九四三年（同三篇のほか）
科学のオートノミー（マンチェスタ文学哲学会、メモリー・プロシーディング）
イギリス人とヨーロッパ大陸（ポリティカル・クォータリー）
ユダヤ人問題（同）
研究と計画（ネイチャー）
一九四四年（科学論文なし）
特許改革（経済研究レヴュー）
科学—その実在性と自由（十九世紀）
一九四五年（科学論文一篇のほか）

科学の計画（ポリティカル・クォータリー）
英国における特許制度の改革（ネイチャー）
科学とモダンクライシス（サイエンス）
科学の権利と義務（科学の自由協会パンフ）
完全雇傭と自由取引（ケンブリッジ大学出版）
スペクテーター紙上での現代革命二題
純粋科学の価値（タイム・アンド・タイド）
一九四六年（同三篇のほか）
シヴィタス（マンチェスター文学哲学メモランダム）
完全雇傭による自由取引（ユニバーシティリベラル）
ドイツにおける科学の再開（ネイチャー）
科学、アカデミックなものと産業的なもの（大学季報）
科学の社会メッセージ（科学の進歩）
なぜ利潤追究か（プレーンレヴィウ）
社会における自由の基盤（原子科学報告）
科学の計画（科学の自由協会パンフ）
科学、真実、社会（ダーレム大学出版）
一九四七年（同五篇のほか）
科学における自由の基盤（十九世紀）
科学、観測と信頼（ユマニテ）

何を信ずるか（クレードルオウデ）
アカデミックな自由の基礎（科学のアカデミックな自由協会パンフ）
科学における自由の基盤（ウィグナー編『自然科学と人間の価値』プリンストン大学出版）

編訳者あとがき

ここに訳出した五篇*は、いずれもポラニーが科学者技術者、理工系学生に向けて語りかけたものである。「創造的想像力」（一九六六年）はアメリカ化学会機関誌、「吸着ポテンシアル説」（一九六三年）は『サイエンス』誌に発表されたものであり、「アカデミックな科学と産業の科学」（一九六一年）はイギリス金属学会、「科学と人間」は医学会での招待講義である。また、「科学における人間は」（一九七二年）は『エンカウンター』誌に発表されたものである。

* 本書初版では「創造的想像力」「吸着ポテンシアル説」「アカデミックな科学と産業の科学」を収録したが、増補版ではそれに「科学と人間」、「科学における天才」を加えた。新たに訳出した二論文はポラニー最晩年の作である。

ポラニーの『個人的知識』（一九五八年）（長尾史郎訳、ハーベスト社、一九八五年）はかなり以前からわが国の専門哲学者に知られているようであったが、ポラニー哲学が論壇を賑わすことはなかった。最近、『暗黙知の次元』（一九六六年）（佐藤敬三訳、紀伊國屋書店一九八〇年）いらい、ブダペスト考証までを背景とした栗本慎一郎氏の紹介、そして前記『個人的知識』邦訳によって、ポラニー哲学をめぐる議論が活発となった。多くの議論のなかで、ポラニーの科学的経歴が問題とされ、また、彼の科学的業績に言及した二論文「吸着ポテンシアル説」「私のX線と結晶研究の時代」が著作『知と存在』に収められていることもあり、科学者ポラニーの解明が要求された。ポラニーの吸着と化学反応研究の延長線上で仕事をしてきた私の義務として、「科学者としてのポラニー」(『現代思想』、一九八六年三月号)、『マイケル・ポラニー』(青玄社、一九八六年八月)を公表した。これらの仕事を通じ、私は、ポラニーの哲学は第一に科学者技術者がもっと注目してよい、否、すべきだ、と思うようになった。トーマス・クーンのように、「たかだか、その哲学的素養はヴィトゲンシュタインを少々……」といった攻撃に曝されて、「読むに堪えず」などといった哲学者的結論がなされる以前に、科学者技術者に注目してもらいたいと思う。科学者技術者だけでなく日々を創造に賭している人々にである。

ポラニー哲学の核心ともいうべき「暗黙知」を化学系の科学者技術者ならびに学生に向けて平易に解説したのが「創造的想像力」である。現役の科学者も技術者も「いかにカンを働かせるか」に苦労している。M教授のきわだった有機合成法の独創ぶりを学生は「動物的カンだ」という。われわれは「天才にははじめから結論が解っている」という。このような表現が間違っていないことを、ポラニーは明確に示してくれる。そして、「知ること」から「発見」における個人の情熱、技《アート》、能《スキル》の重要性を説く。従来の科学論は現役科学者の渇きを癒してはくれなかった。クーンやハンソンに惹かれるものはあったが、それらにも隔靴掻痒のもどかしさが残った。十九歳から五十七歳まで科学研究者であったポラニーの所説こそわれわれ待望のものである。

第二の「吸着ポテンシアル説」は、定説となるまでに五十年を要した自説を例として、科学的成果が科学者集団によって認知されるメカニズムを指摘した論文として知られている。クーンのパラダイムやマトリックスの母胎であることの評価も外国では定着している。科学社会学的主張として興味があり、マートンの不足分を補足しているように見える。しかしながら、この論文には、科学的認知についてポラニーが独特な基準を持っていることが明らかに見てとれるのである。「全く無視された」とポラニーがいうとき、かの有名なブルナウワーの著書(一九四五年)がポラニー説の解説に多くの頁数を割いている歴史的事実をポラニーは無視する。大々的に紹介される、引用されることは一種の評価なのであるが、ポラニーはそれを認めない。正当であり、妥当であるとの評価がなければ無視された、という。この点は、考察に値する。

「アカデミックな科学と産業の科学」は、科学と技術との問題である。とくに、応用数学、応用科学（技術によって正当化された科学）、工学といった中間領域の指摘は見事というほかはない。アカデミズム科学の称揚に過ぎ、現在の科学が技術創出型であるという観点に欠けている観があるかもしれない。しかし、私は、とくに現下のわが国の科学技術の状況に照らし、このポラニーの主張を紹介することに意義を感じている。現在、わが国では「科学技術」が科学に立脚する技術、近代技術《モダンテクノロジー》の意味で使用されている。英語では、サイエンス・アンド・テクノロジーであり、正しくは、かつてのように「科学・技術」と書くべきである。しかし、社会的風潮は新造語「科学技術」を定着させてしまった。「科学技術庁」が存在し、文部省は「学術（英語ではサイエンスを使用）・文化・教育」を扱うとされている。イギリスでは「教育科学省」なのであるが。

このような風潮は、世界史に前例を見ないわが国の科学・技術の異常な発展の然らしむるところである。自然科学系の専門的研究者数は人口一万人あたり三〇人を越えてなお、人口の一〇倍の増加率をもって増加しており、予備軍たる理工系学生は質量ともにアメリカ、イギリスをして羨望させている。世界の五〇パーセントを越える技術特許件数、一二パーセントを越える学術論文輩出数。新規契約における技術輸出の大幅出超。そして、これらに裏づけられているかのごとき先端産業の国際競争力。これが「科学・技術」を「科学技術」とさせている社会風潮の駆動力《ドライビングホース》なのである。開発途上国は、技術近代化をはからねばならぬ。技術そのものとそれに直結する基礎科学を吸収するところからはじめねばならない。わが国は、このつもりであったのであろうが、現在は、そのままでマンモス化しており、さらに肥大化の速度を早めているのである。この方向を意図して果たすことの出来ない国家が多いとき、このわが国の達成は称讃されてよい。しかし、われわれは、われわれの科学と技術の動向に注意を払うべきではないだろうか。

量的研究生産性の増大が工業生産性と直結連動することによって、「真に技術創出力のある科学」が発展するのであろうか。「科学が技術創出型である」というとき、この科学は技術に対置されたアカデミズム科学であり、技術の基礎科学ではあるまい。後者は技術の土台としての科学であり、技術そのものに属しているから、技術を創出する独立体ではあり得ない。あえて、ここに、ポラニーの見解を紹介する理由が以上である。

以上が初版（一九八六年）に書いた私の見解である。以来、科学と技術の問題は急速に変貌した。一九九〇年、サッチャー政府は三十数校のポリテクを大学に昇格させ全大学は高等教育の一環とされた。一方アメリカ政府はソ連崩壊と同時に大学への研究補助の大幅カットを行った。アメリカの研究大学は市場原理を超えて商業主義に走ることを余儀なくされた。日本では文部科学省の成立、不況対策として科学技術基本法による大学への補助アップと同時に国立大学の法人化が実施された。

一方、急速なＩＴ化と中国・インドその他の経済発展は科学研究のグローバリゼーションを招いた。更に、先進国科学は生物学研究に集中しつつある。これらの変貌への警告が追補した第四論文「科学と人間」、第五論文「科学における天才」の発表である。

私は、孫弟子の一人として、偶然、最盛期の哲学者ポラニー教授にバークレーでお目にかかる機会を得た（口絵写真、一九六八・一・二〇）。そして講演を聴いた。「バークレーの反乱」（学生の抗議騒動）は終わっていたが、「マスカチン・レポート」（バークレーの教学改革）の決定版が出版されたばかりであり、ベトナムの正月攻勢の火蓋が切られる前日のことであった。

ポラニー教授の哲学的見解のうちの科学的業績に直結する接合部分だけでも紹介できれば、最強の共同研究者としてポラニーとともに研究にコミットしたわが師、堀内寿郎先生へのご恩がえしになると考えている。

翻訳に当って、不明部分につきご監訳頂いた常葉学園大学巻口勇次教授、明大長尾史郎教授、第三論文の下訳をして下さった現弘前大学清水俊夫教授、また全文を通読して下さった小林達也氏に深謝する。とくに巻口勇次教授の二十年以上に亙るご助力なしには本書の完成はなかったことを付言する。いささかでも読み易ければ、これらの方々のおかげであるが、論文選定の不適や誤訳はすべて編訳者の責任である。

二〇〇七年五月

慶伊富長

本書収録論文の出典は次のごとくである。

1. "The Creative Imagination", Dr. Michael Polanyi (Center for Advanced Studies, Wesleyan University, Middletown, Conn.) *Chemistry and Engineering News*, April 25, 1966, pp. 85-93 (口絵, 著者紹介つき。本書冒頭参照)
2. "The Potential Theory of Adsorption, Authority in science has its uses and its dangers", Michael Polanyi, *Science*, vol. **141**, (1963. 9. 13) pp. 1010-1013 (注に, 著者はオックスホード・マートンカレッジのシニア・リサーチ・フェローとある)。
3. "Science: Academic and Industrial", Professor Michael Polanyi, D. Sc., F.R.S. *Journal of The Justitute of Metals,* vol. **89**, (1960-61), pp. 401-406. (注には, 1961. 3. 1. 夕刻, ロンドン・ロイヤル・インスティチューションでの講演, ポラニー教授はオックスホード・マートンカレッジのフェローとある)。
4. "Science and Man", Proc. roy. Soc. Med. vol. 63, pp. 969-976. 王立医学会, 1970. 1. 5. ナフィールド講演)
5. "Genius in Science", Encounter, **38**, pp. 43-50 (1972)

編訳者紹介

慶伊　富長（けいい　とみなが）

1920 年 12 月 10 日生まれ。理学博士。

九州大学理学部化学科卒業後，北海道大学堀内寿郎教授に師事。

1960 年より 1981 年まで東京工業大学教授。東京理科大学教授を経て，1982 年より 1989 年まで国立沼津工業高等専門学校校長，1990 年より 1997 年まで北陸先端科学技術大学院大学学長を務める。

現在，東京工業大学・沼津工業高等専門学校・北陸先端科学技術大学院大学名誉教授。

論文　触媒反応の理論的実験的研究に関する論文約 300 編。高等教育に関する論説約 30 編。

主要著作　Kinetics of Ziegler-Natta Polymerization (Chapman-Hall-Kodansha), Heterogeneous Kinetics (Chemical Physics Series 77) Springer-Kodansha,『吸着』ほか（共立出版），『反応速度論』『触媒化学』ほか（東京化学同人），『大学評価の研究』（編）ほか（東京大学出版会），その他。

マイケル・ポラニー
創造的想像力［増補版］
（そうぞうてきそうぞうりょく）

定価はカバーに表示

1986年12月10日　第 1 刷 発 行
1990年11月 1 日　第 2 刷 発 行
2007年 7 月 1 日　増補版第 1 刷発行

発行者　小 林 達 也
発行所　ハ ー ベ ス ト 社
〒 188-0013　東京都西東京市向台町 2-11-5
電話　042-467-6441
Fax　042-467-8661
振替 00170-6-68127
http://www.harvest-sha.co.jp

印刷・製本：㈱ 平河工業社
落丁・乱丁本はお取りかえいたします。　Printed in Japan
ISBN 978-4-938551-98-8 C1010